A arte de fazer amigos

Roger Horchow & Sally Horchow

A arte de fazer amigos

SEXTANTE

Este livro foi negociado por Ute Körner Literary Agent, S.L., Barcelona
www.uklitag.com

tradução: Claudia Guimarães

preparo de originais: Cláudia Pessoa

revisão: Ana Grillo, Maria Beatriz B. da Costa e Sheila Til

projeto gráfico e diagramação: Valéria Teixeira

capa: Raul Fernandes

impressão e acabamento: Lis Gráfica e Editora Ltda.

CIP-BRASIL. CATALOGAÇÃO-NA-FONTE
SINDICATO NACIONAL DOS EDITORES DE LIVROS, RJ

H776a Horchow, Roger
A arte de fazer amigos / Roger Horchow, Sally Horchow [tradução de Claudia Guimarães]. Rio de Janeiro: Sextante, 2009.

Tradução de: The art of friendship

ISBN 978-85-7542-518-3

1. Amizade. 2. Relações humanas. 3. Convivência. I. Horchow, Sally. II. Título.

CDD 177.62
09-5007 CDU 177.63

Rua Voluntários da Pátria, 45 – Gr. 1.404 – Botafogo
22270-000 – Rio de Janeiro – RJ
Tel.: (21) 2286-9944 – Fax: (21) 2286-9244
E-mail: atendimento@esextante.com.br
www.sextante.com.br

Para todas as pessoas com as quais criamos vínculos significativos ao longo de nossas vidas: temos a sorte de poder chamá-las de *amigos*.

SUMÁRIO

PREFÁCIO

Conheci Sally Horchow num jantar em Nova York há tanto tempo que seria contrangedor dizer quando. Sally era, de longe, a pessoa mais interessante presente, e confesso que fiquei imediatamente apaixonado por ela. Como era de esperar, ela não se apaixonou por mim – ou talvez alguém já tivesse conquistado seu interesse. Não sei. Mas me lembro que um dia estava tentando ligar para ela do aeroporto para marcar um encontro – daquela forma desesperada, atirada, dos jovens – quando lentamente fui me dando conta de que *não estava rolando. Bem*, pensei, em meu grande desapontamento, *fim de linha.* Mas eis o mais interessante de tudo: não era fim de nada. Era o começo de tudo.

Nós temos uma tendência, acredito, a achar que as habilidades sociais são muito mais complicadas e misteriosas do que são de fato. Quando alguém é carismático, dizemos que possui um *quê*. Quando uma pessoa é bonita e charmosa, os elogios saltam logo para o francês. O que quer que aconteça quando conhecemos uma pessoa, é sempre tratado como uma imensa caixa-preta. "Não sei o que houve", sempre diz o rapaz introspectivo ao voltar para casa depois de um inesperadamente divertido primeiro encontro, "mas nós nos divertimos a valer."

No entanto, a verdade é que o que acontece entre duas pessoas não é uma caixa-preta. A amizade, assim como o crime, é uma simples questão de meio, motivo e oportunidade. É preciso possuir alguma técnica social, desejar se abrir para o outro e assumir a postura de querer conhecer gente nova. Converse com um policial experiente e ele lhe dirá – em profundo contraste com o que vemos nos programas de TV – que há poucas surpresas numa cena de crime. Bem, há poucas surpresas numa amizade, também. Sally e eu passamos sem muito esforço para o nível da amizade, porque ela me aceitou como amigo. Nós nos gostamos a ponto de querer um ao outro em nossas vidas, da forma que fosse – e Sally era elegante, generosa e talentosa o bastante nas artes sociais para fazer isso acontecer. Foi simples assim.

Escrevi grande parte do meu primeiro livro no sofá de Sally, tomando conta de sua casa, enquanto ela fazia uma de suas viagens pelo mundo. Eis aí uma das definições de amizade: a generosidade. Conheci o pai de Sally, Roger, por intermédio dela e o incluí num artigo que estava escrevendo para a revista *New Yorker* (muito apropriadamente, sobre gente que tem grande talento em fazer amigos). Nós nos sentamos em seu apartamento em Nova York e batemos papo animadamente durante horas. Fui embora sabendo que fazia parte do círculo dele, também. Tal filha, tal pai. No final da longa e exaustiva turnê promocional do meu segundo livro, me vi em Austin, no Texas, sozinho e constrangido numa festa onde pensei não conhecer ninguém. Então, para minha alegria, vi dois amigos dela, Eve e Keven. Como eram amigos de Sally, eu soube, imediatamente, que poderiam ser meus também. Afinal de contas, eu fazia parte do círculo.

Este livro é um exercício de desmistificação da amizade. Ele é um guia das regras do jogo – e "jogo" é uma palavra apropriada, porque, para escrever este livro, Sally e o pai partiram da premissa de que a arte de fazer amigos tem algumas diretrizes básicas que podem ser ensinadas a qualquer pessoa, da mesma forma que qualquer um pode aprender a jogar pingue-pongue ou a sambar. É claro que, principalmente no último caso, é bem mais fácil aprender quando o professor é especialista. Podem acreditar, esses dois são.

Malcolm Gladwell

INTRODUÇÃO

A LIGAÇÃO HORCHOW

Apenas estabeleça vínculos.
– E. M. Forster, *Howard's End*

Conectar-se é a chave para iniciar uma amizade. Encontre uma base comum: senso de humor, gostos parecidos, ou algum interesse mútuo – é aí que a alegria da amizade tem início. Antes disso, no entanto, temos de fazer contato com nossos amigos e, antes desse contato, encontrá-los! O que será que nos leva a identificar os amigos em potencial? Será um dom com o qual nascemos ou trata-se de um instinto que só as pessoas realmente extrovertidas têm?

Quando Roger lançou *The Horchow Collection* (A Coleção Horchow), seu catálogo de compras via correios, não tinha ideia de que seu grande legado e maior realização na vida seria, na verdade, "The Horchow Connection" (A Ligação Horchow) – algo que nosso amigo Malcolm Gladwell analisa no livro *O ponto da virada*. Malcolm descreve Roger como alguém "com um talento especial para reunir as pessoas", para "fazer amigos e conhecidos". Embora ele tenha dito que a principal característica de pessoas como Roger – "comunicadores", em sua definição – seja que elas "conhecem muita gente", observou que Roger cultiva amigos e conhecidos pela simples alegria de fazê-lo.

Essa descrição foi muito lisonjeira e, modéstia à parte, verdadeira, exceto por uma coisa: acreditamos que qualquer um pode ser "como eu". Para alguns, isso pode até ser instintivo, mas trata-se de uma habilidade que certamente pode ser adquirida por todos. Qualquer um que se disponha a aprender a agir das formas que descrevemos, a priorizar o cultivo da amizade e a compreender a importância de dar continuidade aos contatos iniciados irá desfrutar relacionamentos sinceros e duradouros.

Este livro contém 70 dicas básicas para fazer contatos e mantê-los. Estes princípios da amizade vêm sendo usados durante uma longa vida de experiências por parte de Roger, e testados e refinados por Sally. Temos esperança de que esses conselhos ofereçam a você uma série de ferramentas práticas para a construção de relacionamentos significativos. Mas não os considere a última palavra: nós mesmos mudamos, testamos e atualizamos esses princípios a cada vez que surge uma nova situação – e esperamos que você faça o mesmo à medida que aplicá-los à sua vida.

Já que agir e dar continuidade são a essência de fazer e manter amigos, para cada regra providenciamos uma ação que ajudará você a colocá-la em prática. Sugerimos que teste essas ações ou desenvolva as suas, de acordo com seu próprio estilo.

Não tivemos nenhuma instrução especial no assunto além do que a vida nos ensinou; não somos sociólogos ou cientistas. Não obstante, as dicas que listamos foram usadas com sucesso por pelo menos duas gerações – nossas trajetórias não nos deixam mentir!

Os primeiros capítulos do livro se concentram em como fazer novos amigos, desde a procura por pessoas especiais com as quais você tenha afinidades à construção dos alicerces de um relacionamento duradouro. Depois, discutiremos os cuidados e as formas de manutenção da amizade, incluindo como perpetuar o frescor em uma amizade antiga. Finalmente, nos aprofundaremos em conceitos avançados sobre amizade, incluindo como lidar com relacionamentos mais complicados e saber quando deixá-los para trás.

Não fizemos muita distinção entre amizades pessoais e relacionamentos profissionais. Na maioria dos casos, estas dicas se aplicam a ambos. Descobrimos que os pilares de um relacionamento sólido –

respeito mútuo, interesses em comum e atividades conjuntas – são tão aplicáveis a alianças profissionais quanto a amizades.

Também acreditamos que vínculos sinceros não necessariamente vêm de uma amizade antiga e com imensa dedicação; há lugar na vida de todo mundo para o coleguismo que nos completa, para amizades circunstanciais e associações temporárias mas benéficas. Compreender esses níveis diferenciados da amizade é uma parte importante de estabelecer vínculos saudáveis.

Um dos grandes prazeres de nos lançarmos neste projeto de pai e filha foi perceber os laços entre nós se estreitarem à medida que escrevíamos e aprendíamos sobre o outro. Esperamos que ler este livro ajude você também a estreitar seus laços.

ROGER HORCHOW E SALLY HORCHOW

CAPÍTULO UM

ESTABELEÇA CONTATO

Considero perdido cada dia no qual
não travo um novo conhecimento.
– Samuel Johnson

Pense nisto: com 365 dias no ano e incontáveis pessoas no mundo, existe uma infinidade de oportunidades para você conhecer um amigo em potencial, contanto que esteja procurando por ele. Quem sabe, neste exato momento, o seu futuro amigo ou amiga possa estar sentado bem à sua frente? Você nunca saberá, a não ser que se abra para esse encontro. Sendo assim, levante a cabeça. Diga olá. Lembre-se de que algumas das melhores amizades nascem de circunstâncias pouco comuns ou em situações curiosas. Assim, baixe a guarda e erga as antenas da amizade – nunca se sabe onde um amigo em potencial pode estar!

• DICA Nº 1 •

Aproxime-se de alguém que não conhece

A descoberta é um momento muito emocionante numa amizade. É aquela pequena lâmpada que se acende quando você aprende algo novo sobre uma pessoa: um aspecto em comum que cria um elo instantâneo. Pode ser tão sutil quanto um senso de humor parecido ou tão sólido quanto uma opinião compartilhada. Vôlei, surfe, seriados de TV, piadas, receitas, compras! Descobrir essas informações exige algum trabalho de base. A descoberta requer ser ativo na busca de novos amigos.

E então, onde é que você consegue achar esses indivíduos que pensam como você? Uma pergunta melhor seria: onde é que você não consegue? O segredo está em se abrir, de verdade, para estabelecer o contato. Se você tiver disposição para puxar conversa, poderá conhecer alguém na fila do correio, no balcão de um café ou até mesmo olhando uma vitrine de rua. Quase todos os lugares oferecem oportunidades de se fazer um amigo. O primeiro passo é simplesmente colocar-se no meio de gente desconhecida ou que, pelo menos, não conhece bem (algo que a maioria de nós faz todos os dias sem nem mesmo perceber) e, a seguir, começar a falar. Boas intenções e esforços apenas mornos não estabelecem contatos; só um comprometimento autêntico em tratar cada situação como uma oportunidade de conhecer alguém novo.

FALE COM ALGUÉM QUE VOCÊ NÃO CONHECE.

• DICA Nº 2 •

Sintonize as suas "antenas da amizade"

Mas, você pode estar pensando, eu vivo cercado de desconhecidos todos os dias – onde se encontram esses novos amigos que vocês estão me prometendo? Esteja certo de que os amigos estão aí. É tudo uma questão de estar com as "antenas da amizade" ligadas. Ora, não estamos falando daquelas antenas enfeitadas com molas e pompons na ponta compradas em lojas de artigos para festas (estas, infelizmente, podem lhe custar alguns novos amigos ou, pelo menos, atrair alguns que você talvez prefira não ter); estamos nos referindo a um par de antenas com os quais todos nós – e não apenas os nossos colegas irritantemente extrovertidos – nascemos. Essas antenas representam o seu instinto para a amizade, e elas precisam estar em estado de alerta neste exato momento, até mesmo enquanto você lê isto.

É claro que o problema está no fato de que, na maioria dos locais de encontro em potencial – quer seja o refeitório do seu trabalho, a seção de suspense de uma livraria ou uma festa de ano-novo –, você pode não se sentir pronto para fazer contato com desconhecidos. No entanto, esses momentos corriqueiros são exatamente aqueles em que você deve tomar uma atitude. Eis o que fazer: olhe ao seu redor. Alguém lhe parece interessante? Talvez alguém esteja lendo o último livro de Dan Brown – exatamente o mesmo que você acabou de ler – ou, então, você avista alguém com uma bicicleta sensacional, que gostaria de observar de perto. Esses são amigos em potencial – e você já começou a sintonizar as suas antenas da amizade.

PROCURE AMIGOS EXTRAORDINÁRIOS EM LOCAIS COMUNS.

• DICA Nº 3 •

Todos os tipos são válidos

Amizade nem sempre é fácil de se definir. Há uma gama enorme de relacionamentos significativos, e nem todos precisam ser do tipo íntimo – amigo para quem se pode telefonar no meio da noite – para valer a pena. Por exemplo, talvez você faça ioga há anos e costume sair com um colega de turma para tomar suco e conversar sobre as aulas. Um nunca foi à casa do outro, nem conheceu sua família, mas vocês curtem os 15 minutos que passam juntos semanalmente e ficariam desapontados se não os tivessem. O seu colega de ioga é um amigo? É claro que sim. Vocês precisam aprofundar o relacionamento? Não, a não ser que os dois queiram.

Existem muitos tipos de relacionamentos que são significativos e não necessariamente profundos ou duradouros. Amizades profissionais, amizades circunstanciais, conhecidos cordiais: as variações são tão abundantes quanto o número de pessoas que conhecemos. Cada tipo de amigo precisa ser tratado com respeito e o grau apropriado de carinho. Mantendo-se aberto à possibilidade de fazer amizades que não necessariamente correspondem às expectativas mais comuns, é bem provável que você se envolva em algumas interações recompensadoras que, de outra forma, deixaria escapar.

REDEFINA O SEU CONCEITO DE AMIZADE E VEJA SE CONSEGUE ACRESCENTAR ALGUNS NOMES À SUA LISTA DE AMIGOS.

• DICA Nº 4 •

Busque pistas

Se algumas das sugestões incluídas neste livro soarem como uma mãe ansiosa aconselhando a filha solteira a ficar sempre de olhos bem abertos à procura do homem de seus sonhos, é porque têm origem no mesmo instinto: o desejo de achar alguém com quem somos verdadeiramente compatíveis. No caso de procurar amigos, a relação é platônica, muito embora uma amizade profunda possa ser emocionalmente tão satisfatória quanto um relacionamento amoroso.

É claro que conhecer um amigo talvez demande um pouco menos de urgência, mas o sentimento e a necessidade de agir nessas ligações inexplicáveis com as pessoas seguem sendo verdadeiros. Com as suas antenas em alta frequência, você poderá captar dicas que o apontarão na direção de um amigo em potencial.

Enfim, aprenda a confiar e a agir de acordo com suas primeiras impressões. Se você por acaso aparecer num jantar usando o mesmo vestido (ou gravata) que outra pessoa, não faça disso motivo para constrangimento. Você apenas encontrou um amigo em potencial com gostos parecidos com – e, possivelmente, impecáveis como – os seus. Da mesma forma, caso veja alguém lendo um livro que adorou, pense em lhe perguntar o que está achando. Se vir a mesma pessoa todos os dias durante a sua corrida matinal, diga olá. Nunca se sabe aonde essa conversa pode levar.

SELECIONE ALGUNS AMIGOS EM POTENCIAL E OBSERVE-OS. SE VOCÊS PARECEREM TER ALGUMA COISA EM COMUM, PUXE CONVERSA.

• DICA Nº 5 •

Lance mão de uma "cantada"

O gesto seguinte é sempre o passo mais importante do processo de fazer amigos, assim como o mais difícil. Para gente tímida, puxar conversa com um desconhecido ou mesmo com um conhecido distante é motivo de grande ansiedade. Muitas vezes, até quem se sente confortável socialmente acha mais fácil conversar com alguém que conhece do que ter de bater papo com gente nova. Não se pode esperar que a situação, outra pessoa ou o destino intervenham para fazer as coisas caminharem. É aí que baixar a guarda se torna imprescindível. Afinal, o que você tem a perder?

Você vai precisar fazer uma pergunta ou um comentário para dar início à conversa – essa vai ser a sua "cantada". Embora o termo tenha uma conotação ruim, muitas vezes sugerindo um comentário vulgar e de mau gosto feito com o intuito de seduzir alguém, o conceito de "cantada de amigo" não precisa ter.

Os melhores tipos de perguntas ou comentários são aqueles que requerem mais do que um sim ou não como resposta ou que, de alguma outra forma, preparam o caminho para uma conversa contínua. Tente elogiar alguma coisa que o seu amigo em potencial estiver usando, peça a opinião dele sobre um evento da atualidade ou concentre-se no seu ambiente para pinçar tópicos de conversa. Por exemplo: "Que jaqueta linda! Onde você comprou?"

Se você mostrar sinceridade no seu interesse, a sua abordagem muito provavelmente será bem recebida. As pessoas sempre ficam lisonjeadas quando alguém sai do seu caminho para abordá-las e, mais ainda, quando querem saber a sua opinião sobre um determinado assunto. Como regra geral, a maioria das pessoas está mais interessada em falar sobre si do que você pode imaginar. É surpreendente como é fácil puxar conversa com alguém. Então, desande a perguntar!

"Você costuma ir ao teatro?"
"Você leu alguma biografia interessante recentemente?"
"Sabe se tem algum filme bom para ver com crianças pequenas?"

Todas essas perguntas exaltam quem as recebe, sugerem o seu interesse no que o outro tem a dizer e podem levar a uma animada troca. Uma vez que você fizer algum avanço com uma conversa preliminar, poderá usar as pistas que as suas antenas estão recebendo diretamente da pessoa para aguçar as suas perguntas. Um pouco mais de investigação poderá revelar que esta não é, na verdade, uma pessoa de quem queira realmente ficar amigo ou, por outro lado, você poderá descobrir um amigo verdadeiro a caminho. De qualquer forma, a tentativa é nobre. Com o passar do tempo, você verá que os ganhos compensam as perdas.

FAÇA UMA LISTA DE POSSÍVEIS "CANTADAS DE AMIGO",
OU SEJA, FORMAS DE SE PUXAR CONVERSA.
TENHA CORAGEM E EXPERIMENTE TODAS ELAS NO
PRÓXIMO EVENTO SOCIAL AO QUAL COMPARECER.

• DICA Nº 6 •

Olhe nos olhos

Você já conversou com alguém que se recusa a olhá-lo nos olhos? O olhar se desloca ansiosamente pelo aposento, deixando você com a desagradável sensação de que seu interlocutor preferiria estar em outro lugar ou conversando com outra pessoa. Uma situação igualmente desconfortável (e estranha) se dá quando você conversa com alguém que fita qualquer outra parte do seu corpo – ombros, cabelos ou decote – apenas para evitar seus olhos.

É claro que todos nós sabemos que uma boa conversa envolve muito mais do que simplesmente falar. A linguagem corporal é um componente necessário de qualquer diálogo. A clareza de nossa fisionomia e a qualidade de nosso olhar – calmo ou intenso, concentrado ou distraído – diz muito sobre quem somos, mesmo sem qualquer comunicação verbal.

Assim, com tudo isso em mente, quando você for apresentado a alguém, não tenha medo de olhar diretamente para a pessoa e sorrir com os olhos. A sua atitude aberta e a disposição em fazer novos amigos ficarão evidentes.

TENHA UMA CONVERSA COM ALGUM AMIGO ÍNTIMO E PEÇA A ELE QUE NÃO OLHE PARA VOCÊ ENQUANTO FALAR. REPITA A CONVERSA, MAS DESTA VEZ PEÇA-LHE QUE OLHE EM SEUS OLHOS.

• DICA Nº 7 •

Escute a conversa alheia (educadamente, é claro)

Durante muitos meses, os horários agendados por Sally na clínica de estética coincidiram com os de Cândida. Como eram atendidas na mesma sala, Sally muitas vezes ouvia a conversa da outra com a esteticista. Certo dia, não resistiu e deu uma opinião. Miraculosamente, Cândida não só conseguiu compreender o comentário abafado debaixo da máscara facial de Sally, como concordou e riu sem estragar a dela. Logo as duas se tornaram amigas fora do salão.

Não recomendamos que você torça o pescoço tentando encontrar o melhor ângulo para escutar a conversa alheia. No entanto, queremos, sim, que você preste atenção às conversas casuais de amigos em potencial. Pronto, já admitimos: defendemos que se escutem conversas alheias (é certamente mais digno do que ficar *usando* o nome dos outros em conversas!). Por quê? É uma forma altamente eficaz e rápida de se ter uma noção do que se passa "por trás dos bastidores" e encontrar uma maneira de puxar assunto.

É necessário demonstrar imensa elegância, no entanto, ao escutar conversas de terceiros. Espere uma pausa natural no fluxo da conversa e só então ofereça o seu breve comentário. Se você estiver conseguindo sentir o cheiro do perfume da pessoa, está perto demais! Da mesma forma, se calhar de ouvir assuntos pessoais, dê um passo atrás e deixe as pessoas em questão terem seu espaço.

OUÇA AS CONVERSAS À SUA VOLTA E, QUANDO HOUVER UMA PAUSA, FAÇA O SEU COMENTÁRIO.

• DICA Nº 8 •

Mostre-se vulnerável

Quantas vezes você já conheceu alguém que não baixava a guarda? A conversa ou não se desenvolve ou se torna dolorosamente desconfortável, pontuada por pausas longas, vazias e tentativas infelizes de restabelecer a conexão: "Nossa, choveu muito hoje, não foi?"

Aqui vai uma dica: mostrar-se vulnerável irá quebrar o gelo, pouco a pouco, dando ao mais apático interlocutor motivo para se interessar no que você tem a dizer e, por fim, revelar alguma parte de sua antes tão resguardada personalidade.

Um comentário contendo alguma autocensura ou revelação ajuda os outros a baixarem a guarda – afinal é você, e não a pessoa, que está na berlinda. Você pode admitir, de brincadeira: "Sou tão ruim com nomes que mal consigo lembrar o meu. Você tem algum método para se lembrar?" Ou vá direto ao ponto com "Hoje é o meu primeiro dia nesta aula e estou um pouco nervoso". Admitir que não sabe tudo dá ao outro oportunidade de exibir um pouco do que ele sabe, o que é garantia de deixar falante até mesmo o ser mais socialmente reservado. E você pode acabar aprendendo algo novo. Com alguma sorte, você pode ganhar um amigo. Nada mal para alguns minutinhos de autoexposição. No mínimo, é melhor do que falar sobre a chuva.

ELABORE ALGUMAS OBSERVAÇÕES LEVEMENTE AUTOCRÍTICAS E, DA PRÓXIMA VEZ QUE A CONVERSA PERDER O RITMO, USE-AS.

Cinco sugestões para se iniciar uma conversa:

1. Elogios: todo mundo adora recebê-los. O importante é não torná-los pessoais demais. É bom cumprimentar alguém por algo que esteja usando ou vestindo, mas não faça comentários sobre sua aparência ou personalidade. Por exemplo: "Eu estava admirando a sua bolsa, de onde é?" ou "Que tênis bonito!".

2. Juntar-se a uma conversa: isso funciona melhor num evento social. Aproveite alguma coisa que a pessoa esteja dizendo ou fazendo. Por exemplo: "Que coquetel diferente esse que você está bebendo! É doce?" ou "Eu por acaso ouvi o seu comentário sobre o último filme de *Guerra nas estrelas* e concordo totalmente".

3. SOLICITAÇÃO DE OPINIÕES: as pessoas gostam de dar opinião. Assuntos atuais costumam proporcionar boas oportunidades. Por exemplo: "O que você achou do resultado do julgamento de hoje?"

4. PEDIDO DE INFORMAÇÕES: quem não gosta de se sentir útil? "Você conhece um bom restaurante nas redondezas?" ou "Você sabe qual é o caminho mais rápido para a praia?".

5. PROVOCAÇÃO: esta opção requer uma certa *finesse* para ser engraçada sem ser desconcertante – você quer incitar uma conversa, e não despertar irritação! Por exemplo: "De todos os pecados capitais, qual você considera menos pecaminoso?"

• O PIANISTA •

Em 1979, li um livro de A. Scott Berg, recém-publicado, sobre Max Perkins. Praticamente uma semana depois de ter terminado a leitura, fui à Universidade do Colorado, em Boulder, onde havia sido convidado para participar do Council on World Affairs (Conselho de Assuntos Internacionais), fundado pelo sociólogo Howard Hickman no final da década de 1940 para estimular debates inteligentes em torno de questões contemporâneas relevantes. Todo ano ele reunia aproximadamente 50 convidados de uma ampla variedade de disciplinas, para uma semana de painéis de discussões. Naquele abril, Daniel Ellsberg era a atração principal e a ele se juntaram outros notáveis, tais como Lukas Foss, pianista e maestro; Pepper Schwartz, socióloga; Roger Ebert, crítico de cinema; Peter Davison, poeta e diretor da Atlantic Monthly Press; Frankie Hewitt, diretora do Ford's Theater; e Jack Nessel, editor da revista Psychology Today. *A minha contribuição seria levar a perspectiva de um varejista para a conferência e falar sobre o marketing voltado para vendas feitas via correio, o que era bastante inovador na época.*

Convencido de que eu não conheceria ninguém lá, estava apavorado com o constrangimento social que certamente sentiria no coquetel de boas-vindas. Quando cheguei, notei um piano no canto, onde um jovem tocava "Blah Blah Blah", uma obscura canção de Gershwin. Fã de Gershwin que sou, eu conhecia a música e fiquei intrigado com o fato de aquele pianista do Colorado – tão distante do circuito comum das casas noturnas – conhecê-la também. Fiquei ainda mais intrigado quando o jovem, que pensara ser a atração contratada da noite, se levantou e começou a se misturar aos demais convidados. Aproximei-me dele e perguntei sobre a canção de Gershwin. Após alguns minutos de conversa sobre o assunto, ele se apresentou: "Eu sou Scott Berg."

Ao lhe dizer quanto achara fantástico seu livro, fui efusivo como um animador de auditório. Por coincidência, ele era um grande fã do meu catálogo de vendas pelo correio, The Horchow Collection. *Quando a nossa bajulação mútua se abrandou, voltamos a conversar sobre o nosso interesse em Gershwin. No final das contas, descobri que Scott estava usando o piano para fugir das conversas, uma técnica à qual eu próprio recorro de vez em quando. E então, foi maravilhoso estabelecermos um elo nesse nível, assim como em tantos outros. Pelo resto da semana, procuramos um pelo outro nos intervalos de almoço e continuamos a nossa conversa.*

Hoje, somos amigos há quase 30 anos – tudo por causa de um encontro que aconteceu por acaso, numa conferência que eu acreditei que seria enfadonha. Acabou sendo exatamente o oposto: um retiro tão maravilhoso das minhas atividades do dia a dia, que me fez voltar nos três anos seguintes – e conhecer muita gente interessante de campos com os quais eu nunca tinha tido contato. Se eu tivesse sido mais reservado, se não tivesse ido falar com "o pianista" ou se tivesse me controlado em vez de me empolgar ao falar de seu livro, o nosso encontro poderia ter sido mais um do tipo "como vai, é um prazer". Mas, como as minhas antenas estavam ligadas e minha guarda, baixa, mesmo correndo o risco de parecer um pouco tolo, o meu blá-blá-blá conduziu a uma amizade de décadas que tem sido tudo, menos conversa fiada!

• • •

• DICA Nº 9 •

Permita que lhe "arranjem encontros"

Muitos já ouviram o ditado popular "Cada ovelha com sua parelha". Da mesma forma, os amigos dos seus amigos provavelmente são pessoas das quais você também haverá de gostar. Pense nisto: num mundo com bilhões de pessoas, o seu melhor amigo em potencial pode estar a seis graus de separação! Para testar essa teoria, amplie o seu círculo de amizades permitindo – quem sabe até mesmo sugerindo – que as pessoas "arranjem encontros" para você com outros amigos em potencial.

Você provavelmente rejeitará esse método. Tem um ranço daquele último encontro às cegas desastroso que lhe arranjaram. Compreendemos que talvez não goste da ideia de que qualquer pessoa – mesmo o seu amigo mais próximo – conheça realmente o seu gosto quando o assunto é amizade, ou que tenha, até mesmo, uma aversão a um encontro cujo único propósito seja conhecer alguém em comum. Por que então (estamos ouvindo os seus resmungos!) defendemos isso com unhas e dentes? Permita-nos explicar.

Ao longo de pelo menos cinco anos, Roger resistiu à ideia de conhecer um amigo que Fred Smith insistia em lhe apresentar, Michael Schaenen. Finalmente, quando Roger e Mickey se conheceram por acaso numa festa em Dallas, conversaram sobre como não haviam querido que lhes "arranjassem um encontro" e, no entanto, se tornaram amigos rapidamente, exatamente como Fred havia previsto.

Aconteceu o mesmo com Sally quando seu amigo Keven McAlester sugeriu que ela talvez gostasse de sua amiga da faculdade, Stephanie Furman. Depois de se esquivar da simpática sugestão de Keven durante dois anos, Sally conheceu Stephanie numa "noite de jogatina" em São Francisco, e se tornaram amigas desde então.

Como essas histórias ilustram, você nada tem a perder ao permitir que lhe arranjem um encontro. Quanto mais tempo esperar, menos tempo terá para curtir uma nova amizade.

Arranjos também são ótimos para conhecer gente numa cidade nova ou numa situação estranha. Para evitar o desconforto potencial de um primeiro encontro, peça a um amigo antigo, alguém cujo gosto e opinião você considere confiáveis, para convidar você e um amigo em potencial para algum evento. Melhor ainda, assuma o controle da situação: dê a sua própria festa e peça que cada pessoa leve alguém que você não conhece. Isso automaticamente ampliará o seu círculo social: o seu e o de todos os presentes também.

DÊ UMA FESTA PARA OS SEUS AMIGOS MAIS PRÓXIMOS E PEÇA QUE CADA CONVIDADO LEVE UMA PESSOA QUE VOCÊ NÃO CONHECE.

• DICA Nº 10 •

Abra espaço para novos amigos

Ao contrário do que reza a sabedoria popular, a capacidade de uma pessoa ter amigos não é limitada. É bastante possível arrumar espaço na sua vida para novas amizades sem ter de sacrificar as já existentes. Você só precisa de motivação. Assim, diga adeus a:

"Minha agenda está cheia."
"Sou tímido demais."
"Eu mal encontro tempo para os amigos que já tenho."
"Eu não tenho a energia necessária."

Essas desculpas apenas lhe roubam a força de vontade para ampliar o seu círculo de amigos. Nem toda amizade precisa de um investimento tão grande de tempo: você pode ter relacionamentos satisfatórios com gente que vê com pouca frequência, desde que o pouco contato que tenham seja significativo. Assim, se você tem a sensação de estar ficando sem espaço para amigos, lembre-se de que permanecer aberto a novas amizades não tem contraindicações: não custa nada e ainda pode trazer grandes recompensas. E, acredite ou não, conhecer novas pessoas tornará você um amigo melhor para os que você já tem.

NUMA COLUNA, FAÇA UMA LISTA DAS DESCULPAS QUE VOCÊ USA PARA EVITAR FAZER NOVOS AMIGOS. EM OUTRA, ESCREVA AS VANTAGENS DE CONHECER GENTE NOVA. PESE AS DUAS.

• DICA Nº 11 •

Seja receptivo

Esperamos que, a esta altura, você já tenha enxergado todas as novas oportunidades para a amizade na sua vida. É bem possível, também, que você tenha desenvolvido o seu radar de conversas e agora seja capaz de perceber assuntos interessantes a duas salas de distância! Você já pode até mesmo ter oferecido um sorriso ou um "olá" a alguém que veja com regularidade mas que ainda não conheça, ou ter progredido a ponto de dar início a uma conversa. Que maravilha! Mas agora é hora de dar um passo atrás e deixar que o objeto da sua atenção reaja.

Para ser um participante ativo de uma conversa, você precisa tanto dar quanto receber. Uma conversa bem-sucedida, assim como um relacionamento, exige "mão dupla": algumas vezes no ritmo rigoroso de uma partida de tênis e, outras, no ritmo tranquilo de uma valsa. Você deve entrar em sintonia com o padrão em questão.

Permita ao seu companheiro de conversa a oportunidade de reagir: busque formas de convidá-lo para dançar. Mas não exagere na dose: se você for excessivamente loquaz, antagônico ou revelador, vai acabar criando resistência justamente quando o intuito é diminuí-la. E, pior, se você não parar e deixar que ele ou ela reaja, é possível que desencoraje o seu novo parceiro de conversa completamente.

Deixe a outra pessoa falar.

CAPÍTULO DOIS

A ARTE DE ESCUTAR

É competência do conhecimento falar,
e privilégio da sabedoria ouvir.
– OLIVER WENDELL HOMES

Ninguém ficará surpreso em escutar que ser um bom ouvinte é equivalente a ser um bom amigo. Não só é essencial nos primeiros estágios da formação de um vínculo, mas também melhorará e enriquecerá um relacionamento já estabelecido. Em geral, temos a tendência de pensar mais no que queremos dizer do que em prestar atenção no que nos está sendo dito. Se você quer ser bom na arte da conversa e, consequentemente, um bom amigo, evite a armadilha do individualismo excessivo e, em vez disso, aprenda a escutar de verdade. Talvez isso faça você demorar um pouco mais para formular uma resposta, mas, se realmente escutou a outra pessoa, com certeza dirá algo mais sensível, inteligente e apropriado!

• DICA Nº 12 •

Ouça antes de falar

Uma verdadeira conversa não pode ser unilateral. Quando você estiver conversando com um amigo ou amiga em potencial, dê-se o trabalho de escutar primeiro e, só depois, preocupe-se em se fazer ouvir. A sua generosidade será retribuída.

O alicerce de uma amizade significativa – baseada no respeito e no carinho mútuos – começa a ser erguido no momento em que se conhece alguém. Nessa ocasião, você é apresentado não apenas às palavras dessa pessoa, mas também a várias outras informações: ao seu tom de voz, à sua linguagem corporal, a coloquialismos e idiossincrasias. A forma que você tem de absorver e reagir a essa riqueza de informações pode ser decisiva para o seu novo relacionamento. Se alguém sentir que você não está fazendo o menor esforço para escutar ou que não está realmente interessado no que está sendo dito, essa pessoa provavelmente vai parar de falar com você. Mas se você se der o trabalho de escutar e de compreender, vai gerar mais conversa, além de uma verdadeira conexão. Então, escute!

NA SUA PRÓXIMA CONVERSA, PRESTE ATENÇÃO A QUALQUER TENDÊNCIA, DA SUA PARTE, DE DEIXAR A MENTE VAGAR ENQUANTO A OUTRA PESSOA ESTIVER FALANDO E CONCENTRE A SUA ATENÇÃO NAS PALAVRAS DELA.

• DICA Nº 13 •

Pratique a escuta ativa

Se você realmente prestar atenção ao que ouve, é bem possível que aprenda algo novo sobre o mundo à sua volta. Você pode adquirir novas informações sobre um assunto que pensava dominar inteiramente. Pode ter novos insights sobre alguém que lhe interessa.

As pessoas são como livros que vivem e respiram e, a cada passo, podem lhe oferecer a sua sabedoria. Infelizmente, muitos de nós não estão atentos a essa possibilidade, nem mesmo junto aos amigos mais íntimos.

Todo indivíduo que você encontrar possui algum conhecimento ou experiência em pelo menos um assunto que você não possui. Lembre-se disso e, então, aprenderá com as pessoas à sua volta: tanto com amigos quanto com desconhecidos. Se escutar cuidadosamente e refletir sobre o que ouvir, é bastante provável que aprenda algo novo. Se aplicar esse conhecimento recém-adquirido dando respostas bem pensadas e fazendo perguntas, seus bate-papos cotidianos vão melhorar e, de uma maneira geral, as suas amizades se tornarão mais verdadeiras. Praticar a escuta ativa abre um novo mundo de relacionamentos em potencial.

EM CADA CONVERSA QUE TIVER, OUÇA COM ATENÇÃO E PROCURE CAPTAR PELO MENOS UMA COISA QUE VOCÊ NÃO SABIA ANTES.

• Uma pequena pergunta para o homem... •

Meu amigo Dick Bass (hoje na casa dos 70) viajou muito e viveu inúmeras aventuras. Suas façanhas incluem ter sido a primeira pessoa a escalar o pico mais alto em cada um dos sete continentes, além de ser a pessoa mais velha (por uma diferença de cinco anos) a escalar o monte Everest (aos 55 anos).

Certa vez, ele me contou a história de uma viagem de avião na qual sentou-se ao lado de um homem muito agradável, que o ouviu falar sem parar sobre os traiçoeiros picos do Everest e de McKinley; sobre a ocasião em que quase morrera no Himalaia e sobre os planos de escalar, outra vez, o Everest. Um pouco antes de o avião aterrissar, Bass se virou para o sujeito que estava ao seu lado e disse: "Bem, depois de tudo isso, acho que eu não me apresentei. Meu nome é Dick Bass." O homem apertou a mão dele e disse: "Como vai, eu sou Neil Armstrong. É um prazer conhecê-lo."

Imaginem o que Bass poderia ter descoberto se tivesse parado de falar tempo o bastante para fazer uma ou duas perguntinhas para o seu companheiro de viagem.

• • •

• DICA Nº 14 •

Concentre-se nos detalhes

Muita gente costuma temperar as suas histórias com descrições detalhadas ou fatos específicos que ficam, muitas vezes, soterrados pelos seus aspectos maiores e, aparentemente, mais importantes. Algumas vezes, também, a personalidade forte de uma pessoa pode fazer com que os pequenos detalhes de uma conversa pareçam irrelevantes. No entanto, se você prestar atenção às particularidades do que está sendo dito, poderá descobrir nelas o que você e seu interlocutor têm em comum que poderia formar um elo instantâneo.

É ótimo descobrir com tanta rapidez que os gostos ou aversões de uma pessoa podem ser parecidos com os seus. Isso também é útil para adiantar os estágios de uma amizade. “Você mencionou que saiu de bicicleta no fim de semana passado”, você pode dizer a alguém que comentou o assunto de passagem. “Eu adoro andar de mountain bike. Onde você pedala?”

Nessa breve interação é possível perceber exatamente como, ao se concentrar nos detalhes de um bate-papo, você pode encontrar formas de avançar em um relacionamento. Em primeiro lugar, você demonstra que estava escutando de verdade: “Você mencionou que saiu de bicicleta no fim de semana passado.” A seguir, salienta um elo em comum e o reforça positivamente dizendo: “Eu adoro andar de mountain bike.” Por último, faz uma pergunta. Essa é possivelmente a parte mais importante, pois ela induz a uma interação estendida: “Onde você pedala?”

DEPOIS DE ENCONTRAR UMA PESSOA QUE VOCÊ GOSTARIA DE CONHECER MELHOR, ANOTE O MAIOR NÚMERO DE COISAS QUE CONSEGUIR LEMBRAR SOBRE SUA CONVERSA COM ELA. QUANTO MAIS DETALHES, MELHOR.

Faço parte do conselho do Comitê de Preservação da Casa Branca, um grupo apolítico que lida com os ambientes públicos da mansão presidencial. Na primeira reunião que tive na Sala de Jantar Familiar da Casa Branca, teve início uma longa discussão sobre a substituição das cortinas do Salão Leste. A Sra. Walter Annenberg, que havia sido secretária de protocolo do presidente Reagan, observou que Jacqueline Kennedy tinha encomendado uma quantidade extra do tecido daquelas cortinas, o que permitiria que o curador atual as substituísse e restabelecesse a beleza original do salão.

Eu então escutei com grande interesse enquanto "Rusty" Powell, diretor da National Galery of Art, e Helen Cooper, curadora de quadros americanos da galeria de arte da Universidade de Yale, falavam sobre os móveis de época, as cores dos ambientes e o posicionamento de várias obras de arte e objetos de decoração. Prestar atenção ao que diziam abriu para mim um campo inteiramente novo para diálogos e ajudou a expandir imensamente o meu conhecimento. Eu nunca havia apreciado essa área de interesses, até aquele momento.

• • •

• DICA Nº 15 •

Arquive dados importantes

Recordar detalhes que você aprendeu sobre as pessoas em encontros iniciais pode ser um excelente instrumento para a construção de uma amizade. Se puder relembrar uma observação feita durante uma conversa anterior, refira-se a ela da próxima vez que estiver junto de seu amigo em potencial. Da mesma maneira, se um colega por acaso mencionar que está para fazer aniversário, surpreenda-o com um cartão. Se uma vizinha comentar que adora *tiramisù*, convide-a para tomar um chá e sirva-lhe justamente esse doce. A pessoa que receber tanta atenção certamente ficará lisonjeada por você ter se lembrado.

Escutar com esse tipo de cuidado também é útil para manter ou aprofundar amizades já existentes. Imagine a felicidade do seu amigo quando você lhe enviar um livro novo escrito por um autor que ele mencionou gostar, ou a afetuosa reação de uma amiga quando você lembrar a ela os velhos tempos com uma caixa de biscoitos que costumavam dividir na infância.

Você pode estar se perguntando como tanta atenção seria possível. Como esperar que você se lembre de cada conversa tida em cada festa a que já foi? É claro que isso é impossível, e ninguém espera que você o faça. O nosso conselho é que comece a fazer um diário ou agenda da amizade para registrar datas e tomar nota de coisas importantes. Uma boa ideia é usar seu smartphone ou notebook para isso.

ADQUIRA O HÁBITO DE ANOTAR "DADOS SOBRE AMIGOS" NO SMARTPHONE OU NA SUA AGENDA.

• DICA Nº 16 •

Personalize

Além de se lembrar de detalhes importantes, eventos ou aniversários, você deve procurar formas únicas de personalizar as suas amizades. Em vez de simplesmente se encontrar com um amigo para almoçar, faça um gesto mais atencioso e significativo. Se, por exemplo, você sabe que ele adora risoto, por que não prepara um e o convida para almoçar na sua casa? Ou então, se um conhecido se mudou para o seu bairro, por que não combina de tomarem um café juntos, para conversarem um pouco sobre a vizinhança?

A maioria de nós encara essas tarefas como parte da amizade, e elas são. Se dar o trabalho de ser atencioso a esse ponto é uma forma de se expressar. A ideia é fazer com que o outro saiba que você gosta dele e que está disposto a fazer algo a respeito. Corresponder e agir, assim como elogiar, significam muito mais quando inesperados e, supostamente, desnecessários; além disso, constituem uma forma fácil de revelar seus sentimentos. É assim que você pode se estabelecer como amigo de alguém antes de chegar o momento de precisar oferecer um ombro num momento mais sério.

Faça uma lista dos seus amigos. Anote várias coisas que você sabe que cada um gosta. Depois escolha um nome ao acaso e planeje algo para ele.

• AGENDAS E CARTÕES/PAPELARIA SEMANAL •

Como muitas pessoas, aproveito os aniversários para manter contato. Faço um estoque de cartões durante o ano, comprando-os adiantado quando gosto de algum. Anoto datas no smartphone, no computador e no notebook para atualizar os aniversários de quem conheço. (Quem usa apenas um desses acessórios achará a tarefa um pouquinho mais fácil!)

No começo de cada semana, envio os respectivos cartões de aniversário, não sem antes escrever um bilhetinho atencioso em cada um. Também gosto de enviar cartões eletrônicos, porque dá para programá-los com meses de antecedência para serem enviados por e-mail no dia apropriado. Dessa forma, não há a menor chance de esquecer um aniversário.

• • •

• DICA Nº 17 •

É mesmo, e...

Algumas vezes, até mesmo os conversadores mais motivados se veem fraquejar. Uma interrupção infeliz, um parceiro muito inibido ou, simplesmente, um momento embaraçoso podem atrapalhar uma troca. Como fazer para alimentar uma conversa que vai mal? No teatro de improviso, os atores costumam dar continuidade aos diálogos, independentemente do que a pessoa disser durante um esquete, usando a expressão "É mesmo, e". Assim, jamais desviam da direção que o outro estava tomando. Por exemplo, se alguém afirmar que "duelar com jacaré não é mais como era antigamente", pode-se prosseguir dizendo: "É mesmo, e a areia movediça só torna o desafio maior." Mesmo que você não concorde com a afirmativa (ou ache graça), "É mesmo, e" ajuda a continuar o improviso e, na vida real, a conversa. Assim como um sorriso só gera reações boas, um "É mesmo, e" sempre faz o outro se sentir bem.

Por exemplo, se alguém disser "Eu estou impressionado com quão azul o céu está hoje", você pode acrescentar "É mesmo, e não se vê uma nuvem por quilômetros" ou discordar, e responder "Já vi mais azul". A primeira resposta encoraja a conversa a continuar, dando a você a chance de conduzi-la numa direção mais agradável; a outra faz com que ela se encerre.

Faça esse jogo de improviso com os amigos. Uma pessoa diz uma frase absurda e a seguinte reage dizendo: "É mesmo, e" e acrescenta uma nova informação à frase. Continuem até não terem mais detalhes a acrescentar (o que talvez seja impossível).

• DICA Nº 18 •

É mesmo, mas...

Muito embora a sinceridade e uma discussão saudável sejam aspectos vitais e importantes da verdadeira comunicação, há momentos em que o confronto não é bem-vindo e seria preferível evitar o desastre de uma desavença desnecessária. Quando você peceber uma discussão séria a caminho, tente mudar de assunto e colocar um fim na conversa. Sabemos, no entanto, que existem momentos em que a fuga não é possível e que nos sentimos amarrados à situação. Nessas ocasiões, experimente usar a técnica do "É mesmo, mas". Ela o ajudará a desarmar a bomba sem ter de comprometer as suas crenças pessoais.

Demonstre, educadamente, que embora tenha ouvido o que a pessoa disse você discorda dela. "É mesmo, mas eu não vejo a coisa exatamente assim." Se os dois lados estiverem escutando com atenção, cada um poderá ganhar perspectiva sobre como o outro pensa. Se você descobrir, no entanto, que a pessoa com a qual está conversando se recusa a ouvir o seu ponto de vista, faça de tudo para evitar uma discussão simplesmente confirmando que há uma discordância. Se nada funcionar, peça licença e vá ao toalete.

PRATIQUE COM UM AMIGO SUA ESTRATÉGIA DE FUGA.

• Um debate "em ebulição" •

Certa vez, eu me vi em uma pequena desavença política com um homem notoriamente preconceituoso que, por acaso, é presidente e ex-diretor de uma empresa familiar mundialmente conhecida. Em vez de reagir mostrando os meus reais sentimentos às afirmações decididamente insultuosas dele, eu cautelosamente comentava: "Ah, é mesmo?" ou "Você não pode estar falando sério!". Embora eu discordasse dele por completo, também queria evitar um confronto descabido e carregado numa reunião que, afora isso, estava muito agradável.

Ao final da noite, o sujeito declarou: "Esse Horchow é igualzinho ao pai dele. Eu realmente adorei conhecê-lo." Como me contive, ele acreditou erroneamente que tivéssemos feito algum tipo de contato significativo. Se ele tivesse escutado de verdade, no entanto, teria notado que eu não tinha concordado ou, tampouco, estabelecido contato real com ele e, sim, habilmente me esquivado de me envolver numa discussão que eu não desejava ter.

• • •

• DICA Nº 19 •

Avalie o candidato

Isso pode soar mais como uma sugestão para a seleção de um funcionário, mas se aplica. Uma vez passado o primeiro estágio do contato com uma determinada pessoa, chega a hora de avaliá-la. Use os seus instintos. Escute as pistas que o ajudarão a avaliar o potencial de uma amizade, para que você possa trocar possíveis conflitos futuros e laços nocivos por contatos proveitosos e relacionamentos saudáveis.

É lógico que aspectos negativos percebidos durante uma conversa nem sempre inviabilizam que se tente fazer amizade. Porém, eles podem trazer informações sobre a sua relação futura com a pessoa, ajudando a identificar, desde cedo, quais questões poderão ser conflitantes ou harmoniosas, ou como vocês poderão e irão se relacionar.

Por exemplo, alguém pode deixar claro, nos estágios iniciais de um relacionamento, que se sente muito bem "ajudando". Se um dia você não for mais uma pessoa "necessitada", talvez esse amigo deixe de ter o mesmo interesse em manter os laços de amizade. Por outro lado, reconhecer que alguém é cativante, interessado e animado durante a sua conversa inicial é, provavelmente, um bom indício de uma interação futura positiva e uma pista de que a pessoa poderá estar disposta e apta a ter uma amizade mais próxima com você.

PRESTE ATENÇÃO AOS "SINAIS DE ADVERTÊNCIA" (VER PÁGINA 46) QUE INDICAM UMA COMBINAÇÃO POSSIVELMENTE RUIM PARA A AMIZADE.

• Uma lição sobre negócios •

Quando eu era um jovem comprador em Houston, na loja de departamentos Foley's, fiz amizade com o vendedor de porcelanas Lenox. A Foley's era o maior comprador da Lenox no Texas e, quando o representante de vendas ia a Houston, sempre me levava para jantar. Com o tempo, acabamos nos tornando bons amigos. Eu acreditava que nossa amizade havia transcendido o relacionamento profissional.

Quando me mudei para Dallas, indo para a Neiman Marcus, a loja não vendia porcelanas Lenox. Muito embora o meu grande amigo, representante de vendas, morasse na vizinha Fort Worth, eu nunca mais tive notícias dele – nem mesmo uma palavra. Fiquei muito desapontado.

Anos mais tarde, quando estava selecionando mercadorias para o The Horchow Collection, *visitei um showroom onde fui cumprimentado efusivamente por – adivinhe quem? – meu "amigo", que agora estava no ramo de artigos para presentes (e esperançoso de vender para o meu catálogo). Acabamos fazendo negócio novamente, mas, uma vez aprendida a lição de que algumas "amizades" nada mais são do que relacionamentos de negócios, fiz as transações sem qualquer ilusão.*

• • •

Sinais de advertência

Considere estes sinais de advertência motivos para ter cautela em um relacionamento:

1. Alguém que mente ou trapaceia com facilidade: uma pessoa que se sente à vontade sendo desonesta provavelmente mentirá para você também.

2. Alguém que critica os outros: com pessoas assim, nunca se sabe quando a amizade cairá em desgraça e seus defeitos se tornarão assunto em voga.

3. Alguém que se gaba sobre sempre conseguir se safar: essa pessoa pode decidir passar a perna em você um dia.

4. Alguém que é abertamente dado a discussões polêmicas: quem precisa disso?

5. Alguém que se faz de vítima ou que coleciona injustiças: esse povo nunca está satisfeito com a forma como é tratado – nem mesmo por você.

6. Alguém que oferece informações em excesso, cedo demais: gente que conta assuntos pessoais rápido demais costuma se tornar excessivamente dependente ou carente.

7. Alguém que faz promessas vazias: você não precisa de um amigo em quem não pode confiar.

8. Alguém que está sempre olhando por cima do seu ombro: se a pessoa está sempre procurando uma companhia para conversar, parta para outra.

• DICA Nº 20 •

Escuta avançada: construa confiança

Talvez o componente mais importante da amizade seja a confiança. Sem ela, não pode haver fé de verdade num relacionamento e nenhum espaço para crescimento além do superficial. Construir confiança requer um ato de fé (ou vários pequenos atos), mas você verá que vale o risco.

Deixe que seus amigos saibam que você os aceita como são, que não os rejeitará apesar de uma ou outra falha ocasional, e acredite que eles farão o mesmo por você. (Uma das grandes recompensas da amizade é que ela lhe permite trabalhar seus defeitos de forma segura junto a pessoas que o amam e respeitam.)

Mantenha os interesses dos seus amigos em mente e saiba que eles se preocupam com os seus. O bem que faz a eles volta para você.

Guarde os segredos dos seus amigos e eles guardarão os seus.

Finalmente, expresse seu apreço e sua afeição e aceite isso deles em troca. Quanto mais você der, provavelmente mais receberá.

CONFIE UM SEGREDO SEU A UM AMIGO.

• DICA Nº 21 •

Encontre o equilíbrio

Numa amizade saudável, falar e escutar se equilibram. As trocas de experiências e sentimentos de um e de outro são iguais. Quando você tiver uma necessidade mais séria de falar, o seu amigo irá prontamente assumir o papel de ouvinte, sabendo que quando tiver um problema, você será todo ouvidos.

Ser um bom ouvinte não significa que tudo o que você faz é escutar; significa escutar com sensibilidade e compartilhar as suas próprias experiências relevantes. Um relacionamento no qual uma pessoa fala o tempo todo e a outra escuta o tempo todo é um relacionamento de terapeuta-paciente, não uma amizade!

CERTIFIQUE-SE DE HAVER UM EQUILÍBRIO ENTRE FALA E ESCUTA NA SUA PRÓXIMA CONVERSA COM UM BOM AMIGO. SE O ASSUNTO ESTIVER GIRANDO APENAS EM TORNO DE VOCÊ, CORRIJA O DESEQUILÍBRIO.

• DICA Nº 22 •

Demonstre empatia

Um bom amigo demonstra empatia, mas é sempre cauteloso quanto a oferecer conselhos. Não importa quanto seu relacionamento seja íntimo, a regra geral é ter cuidado com as recomendações que fizer. Quando uma amiga lhe contar um segredo muito importante da infância ou confidenciar um detalhe íntimo do casamento, mesmo que pareça que ela precisa de mais de você do que apenas um ouvinte completamente neutro, ofereça sua empatia, mas deixe os conselhos para os profissionais – pelo bem do futuro dessa amizade.

Isso pode parecer pouco a oferecer mas, na realidade, a empatia tem um bocado a contribuir com esse relacionamento: demonstra que você realmente sabe como é sentir-se triste, envergonhado ou com alguma dor, além de ajudar quem está sofrendo a sentir-se menos sozinho. Quando você demonstra empatia por um amigo que está passando por uma situação difícil, não apenas deixa claro que se importa, como proporciona alívio para os infortúnios dele. Quando se tem um problema, poder compartilhá-lo com um amigo é uma das formas mais eficazes de aliviar o peso sobre nossos ombros.

Dar conselhos, por outro lado, embora seja um ato bem-intencionado, pode vir a causar alguns problemas. Se o seu amigo aceitar a sua sugestão, mas o resultado não for positivo, vocês dois se sentirão desconfortáveis. Se o seu conselho for ignorado, no entanto, você poderá sentir-se um pouco ofendido. O melhor a fazer? Deixar claro para seus amigos que você está sempre disponível para escutá-los. Se algum conselho for realmente necessário e você considerar a ideia conveniente, sugira uma consulta com um terapeuta. Indicar um bom livro sobre o assunto também é sempre válido.

DA PRÓXIMA VEZ QUE UM AMIGO LHE TROUXER OS SEUS INFORTÚNIOS, RESISTA AO IMPULSO DE LHE DIZER O QUE FAZER. EM VEZ DISSO, MOSTRE QUE VOCÊ COMPREENDE COMO ELE SE SENTE.

CAPÍTULO TRÊS

A ARTE DA CONVERSA AUTÊNTICA

Não guarde seu adorável discurso
para quando as pessoas morrerem.
Declare-o para os amigos em curso
e no presente verá lhe agradecerem.

– Anna Cummins

Uma amizade não pode ser construída puramente com base em conversas superficiais. Existem momentos e lugares para elas, mas isso não é a essência de um relacionamento sólido; a conversa autêntica, sim. Pense nisto: sem uma conversa interessante, inspiradora, a vida seria tão sem graça quanto a temperatura ambiente, sobre a qual vocês acabariam se vendo forçados a falar. Assim, prossiga para além das palavras de praxe do cumprimento inicial e faça uma tentativa sincera de conversar sobre assuntos importantes. Pode ser o que falta para acender a faísca de uma verdadeira amizade.

• DICA Nº 23 •

Lembre-se de nomes (e diga o seu)

Antes que uma conversa comece a esquentar – seja ela superficial ou não – nós nos apresentamos às pessoas. Lembrar-se do nome de quem você acaba de conhecer prepara o terreno para uma possível amizade. Muitas vezes estamos tão preocupados com o que está acontecendo à nossa volta no momento da apresentação que imediatamente nos esquecemos do nome da pessoa que acabamos de conhecer. Outras vezes, inconscientemente, achamos que nunca mais vamos ver ou ter motivos para falar com ela de novo, então o nome entra por um ouvido e sai pelo outro!

Se você estiver interessado em conhecer gente e estabelecer relacionamentos significativos, é importante se concentrar no momento da apresentação e lembrar-se do nome daquele a quem está sendo apresentado. Isso levará a uma interação mais profunda e pessoal daí por diante e passará a mensagem para o outro de que você está interessado em saber mais a respeito dele.

É claro que isso é muito mais fácil falar do que fazer. A maioria das pessoas não é boa em nomes. Assim, não se preocupe, é inevitável que algum escape. Quando você se lembrar da conversa que teve com alguém mas não conseguir recordar seu nome, admita que esqueceu e, em seguida, comente o teor da excelente conversa que tiveram. São grandes as chances de o seu esquecimento ser perdoado. Se achar, no entanto, que alguém pode realmente ficar ofendido, pergunte discretamente a outra pessoa o nome dele. E diga "É um prazer revê-lo", em vez de "É um prazer conhecê-lo". Ninguém gosta de se sentir tão pouco importante a ponto de ter um primeiro contato com alguém completamente esquecido pela pessoa.

Normalmente, a sinceridade é a melhor política. Diga "Eu sou péssimo com nomes", apresente-se outra vez e, a seguir, compre um livro de técnicas para melhorar a memória (nós gostamos de *Mantenha o seu cérebro vivo*, de Lawrence C. Katz e Manning Rubin, e *Deixe seu cérebro em forma*, de Corinne L. Gediman e Francis M. Crinella) – e mãos à obra! Se um livro de técnicas para a memória não lhe parecer a melhor opção, há dezenas de outras maneiras de superar essa barreira, desde simples jogos de memória e exercícios pessoais até os mais diversos tratamentos terapêuticos. Na maioria dos casos, no entanto, basta se concentrar e ter uma vontade sincera de se lembrar dos nomes em questão.

Faça o que puder para acabar com essa epidemia generalizada de esquecimento do nome alheio. Se você tiver a chance, mencione as pessoas pelo nome o máximo que puder para os outros. Quando apresentar uma pessoa a outra, recorde-as das pessoas que conheceram na próxima vez que as vir. Ajude os outros a lembrarem o seu nome criando algum artifício para fixá-lo, como, por exemplo, "Clara, como minha pele".

INVENTE UM TRUQUE PARA FAZER AS PESSOAS SE LEMBRAREM DO SEU NOME.

• DICA Nº 24 •

Jogue menos conversa fora

Para cada contexto social, há um grau necessário de papo furado. Ele consiste em perguntas que todos nós estamos preparados para fazer e responder, observações pouco controvertidas e tópicos corriqueiros. Trata-se de algo completamente previsível e, algumas vezes, engraçado, que serve ao propósito único de deixar as pessoas à vontade.

Como "robôs" do papo furado, muitas vezes nos sentimos tentados a alterar o equilíbrio das coisas respondendo a tais perguntas com sarcasmo ou dando alguma resposta surpreendente. No entanto, nos primeiros estágios de uma conversa, quando as pessoas perguntam "Como vai?", elas normalmente não querem ouvir "Estaria melhor se conseguisse me livrar dessa maldita dor na virilha" ou "Bem, exceto pelo fato de ter perdido o meu gato".

"Bem", neste caso, está absolutamente de bom tamanho; jogar conversa fora é esperado e exigido em determinadas situações. No entanto, quando ela se estender demais, se transforma num escudo que impede que as pessoas realmente se conheçam. A chave é saber usá-la produtivamente e evitar fazer dela uma muleta.

Tome o seguinte como regra: serão permitidas apenas uma "perguntinha sobre nada em especial" e uma "resposta pro forma" em cada. A partir daí, você precisa progredir para assuntos mais significativos e específicos.

ANOTE CINCO PERGUNTAS INSTIGANTES PARA FAZER TÃO LOGO O PAPO FURADO ACABE.

Proíba banalidades

Há várias formas de ter conversas que, definitivamente, não levam a lugar algum. Eis aqui algumas que devem ser evitadas:

1. A não ser que você queira saber o estado de saúde de alguém, "Como vai?" não é um bom ponto de partida para uma conversa.

2. Num casamento, dezenas de pessoas bem-intencionadas perguntam aos noivos: "Onde vocês vão passar a lua de mel?" e toda mulher grávida certamente se cansa de responder a "É para quando?". Pense em perguntas que não sejam óbvias.

3. Começar um papo sobre esportes continua sendo um ótimo truque para iniciar conversas, mas pode ser arriscado. Você pode encontrar um torcedor fanático e não conseguir mudar de assunto.

4. A não ser que você seja meteorologista ou agricultor, não costuma haver nada de fundamentalmente interessante numa discussão sobre o tempo.

Esses lugares-comuns são praticamente inevitáveis no dia a dia, mas tente deixá-los para trás o mais rápido possível. O seu objetivo é aprender sobre a pessoa com quem está conversando, e não fazer ruído.

• DICA Nº 25 •

Comece com perguntas

Quando você conhece alguém, ambas as partes calculam, logo de início, se estariam interessadas em continuar a conversa. Faça perguntas específicas para cada situação, de maneira a envolver a outra pessoa no assunto, e tente se manter em um tema. Se você estiver numa festa, por exemplo, pode perguntar como aquela pessoa conhece o anfitrião ou o que achou dos tira-gostos. Num evento cultural, você pode perguntar à pessoa o que a atraiu ao evento. Tópicos relacionados ao acontecimento permitem que você sonde sem ser indelicado, mas qualquer tópico que permita a uma pessoa revelar um pouquinho sobre si é bom.

Quando oferece a sua opinião sobre alguma coisa, você se revela. Esse tipo de vulnerabilidade leva a uma troca, e exibir entusiasmo sobre um assunto pode ser contagioso. A leveza da conversa permitirá que as revelações surjam num ritmo confortável. No entanto, vale o velho ditado sobre evitar política ou religião. Sempre comece com tópicos mais neutros ou universais.

NA PRÓXIMA VEZ QUE VOCÊ CONHECER UMA PESSOA, FAÇA PERGUNTAS RELACIONADAS AO EVENTO EM QUE ESTÃO E VEJA SE CONSEGUE DESCOBRIR DE ONDE ELA É.

• DICA Nº 26 •

Use a conversa fiada de forma estratégica

Tenha cautela com frases impensadas que preenchem silêncios desconfortáveis mas que, na verdade, não querem dizer coisa alguma. O típico "A gente se fala depois" (embora você não tenha a menor intenção de fazê-lo) é muitas vezes usado quando simplesmente não se sabe mais o que dizer. Se você diz isso sem querer, está sendo pouco sincero, na melhor das hipóteses; e na pior, desonesto.

Quando é preciso fugir de um assunto constrangedor, a conversa fiada pode ser útil. Da mesma forma que uma conversa "de transição" conduz os assuntos das superficialidades de apresentação a níveis de maior importância, em dois outros casos a conversa fiada pode ser útil:

Na "manutenção": quando você desejar manter o status quo de um diálogo, deixando-o num nível mais superficial. Escolha assuntos que não despertem controvérsias. Mantenha as coisas leves e esteja pronto para uma possível "saída".

Na "saída": quando realmente precisar escapar. Diga à pessoa que você adorou falar com ela, mas precisa ir (a um compromisso, ao banheiro, dar um telefonema...).

Ciente de tudo isso, você poderá usar a conversa fiada para aquilo que ela foi feita – deixar as pessoas à vontade – e, assim, guardar-se para conversas mais sérias quando for necessário.

ESCOLHA UM TÓPICO NEUTRO PARA USAR NUMA CONVERSA FIADA ESTRATÉGICA.

Há alguns anos eu me vi, um tanto nervosa, usando uma conversinha muito mole para encompridar o assunto com Glenn Close num jantar de verão, em Nantucket.

Depois de lhe crivar com uma saraivada de perguntas óbvias: "Como foi que você ingressou na carreira artística?", "De onde você é?", "Onde foi que você estudou?", Glenn finalmente sugeriu que "deixássemos de lado a conversa fiada" e tentássemos nos conhecer um pouco melhor.

Dentre outras perguntas que me fez, uma das mais difíceis de responder foi: "Como você era quando estava na faculdade?" Eu me atrapalhei, enrolei, gaguejei – algo que não costumo fazer – e, finalmente, respondi que achava ter sido o que se podia chamar de, bem, nerd. *Ela, muito educadamente, disse que não acreditava. Alguns minutos depois, estávamos caminhando pelo cais perto do restaurante onde havíamos jantado e ela desapareceu dentro de uma loja e voltou com uma caixinha de balas Nerd, com a qual me presenteou. Eu as levei para casa, e aquela foi considerada a melhor piada de todo o verão. Meus filhos adoraram.*

Se puder evitar a conversa fiada desnecessária e fazer perguntas que requeiram um pouco de reflexão, envolverá as pessoas com mais facilidade. Descobrirá muito mais a respeito delas e, quem sabe, ganhará um amigo.

• • •

• DICA Nº 27 •

Descasque a cebola

Passado o primeiro contato e tendo havido uma troca intensa o suficiente com alguém para você saber que está interessado em estabelecer um vínculo maior, sua conversa precisará se desenvolver além do superficial. Se usar esses momentos juntos para revelar algo a mais sobre si e descobrir mais sobre o outro, estará no caminho da amizade.

É importante ser sensível ao rumo da conversa, de forma a medir o verdadeiro interesse da pessoa e encontrar tópicos que aumentem a interação sem entrar demais na intimidade alheia. Não é preciso responder a "Como vai?" com alguma revelação bombástica sobre você mesmo. Tampouco é aconselhável perguntar "A sua vida é feliz?" antes de conhecer bem a pessoa. Vá um pouco mais fundo nos tópicos básicos, como, por exemplo, "Do que você mais gosta no seu emprego?" e fale daquilo que é importante para você. Se a conversa for realmente interessante, levará a outras.

Da segunda e terceira vezes em que você se encontrar com alguém, poderá jogar menos conversa fora. Comece com um lembrete de algo que tenham discutido ou que tenha acontecido da última vez que se viram, de forma a se refamiliarizar com a pessoa, atualizar a conversa e deixar ambas as partes à vontade. "Da última vez que nos vimos, falamos sobre documentários", você poderia dizer, continuando com "Você conseguiu assistir a algum dos candidatos ao Oscar?". Ou: "A nossa última conversa sobre a China foi tão interessante que eu comprei um livro a respeito. Você já o leu?"

Algumas amizades permanecem algum tempo na conversa de transição, dependendo das personalidades, até você e o seu futuro amigo se sentirem mais confortáveis em compartilhar assuntos pessoais um com o outro. Assim como nos estudos, é útil revisar o primeiro capítulo da sua amizade antes de passar para o seguinte. Atualize-se e progrida até uma conversa de verdade.

Esse é o momento crucial em que você deixa para trás o bate-papo superficial em prol de uma conversa significativa. Agora, sim, é o momento de introduzir temas que explorem o que vocês têm em comum, de revelar mais a respeito de vocês mesmos e de ajudá-los a se compreenderem melhor. Agora que já têm algumas pistas sobre os interesses do outro, deverão avançar a conversa até o nível subsequente e "descascar a cebola".

Se você tiver sorte, não terá de passar pelas fases da recapitulação, revisão e atualização. Em circunstâncias ideais, que dependem enormemente de intuição e interesse mútuo, você pode pular por completo a fase de conversas fiadas – até mesmo desde o primeiro encontro – e ir direto ao coração da cebola.

CONTE UM FATO OU HISTÓRIA REVELADORES A SEU RESPEITO A UM AMIGO EM POTENCIAL E VEJA AONDE ISSO PODE LEVÁ-LO.

• DICA Nº 28 •

Dê significado à sua conversa

A arte de conversar é, na verdade, a capacidade de escutar e de reagir de maneira a aprofundar uma interação. Se você vem treinando suas técnicas de escuta e já tem habilidade no uso da conversa fiada, está pronto para papos realmente significativos com amigos novos e antigos.

O que torna um diálogo significativo? Pode variar um pouco de pessoa para pessoa, mas há alguns elementos em comum a basicamente todas as conversas importantes de fato:

- O papo deve ocorrer num momento e num local em que as duas partes possam se concentrar na troca. Pode ser num jantar, mas, provavelmente, não numa boate.
- O assunto deve ter importância para você – o que não quer dizer que a conversa tenha de ser séria ou solene, apenas que você precisa dar importância ao tema que está discutindo. Tópicos desse tipo incluem família, carreira, crenças e objetivos de vida, mas qualquer matéria que signifique alguma coisa para você é válida: do amor à morte; de impostos à sua eterna adoração por violetas. Nesse nível de conversa, a proibição a religião e política já não conta – vá em frente!
- É preciso que cada participante revele alguma coisa a seu respeito. Se você não estiver honestamente expressando como se sente ou o que realmente pensa sobre um assunto, a conversa não irá

além do superficial. Lembre-se: uma amizade verdadeira é baseada num vínculo real.

- Não há nada de mais em ser emotivo. Quando uma coisa realmente importa para você, é normal que falar a respeito o deixe alvoroçado, feliz, triste ou mesmo zangado. Se essas emoções surgirem nas suas conversas, lembre-se de que é o assunto, e não a pessoa com quem você está falando, que o deixa assim. Se o amigo for um companheiro de longa data, uma discussão acalorada pode até ser natural. Mas, se você ainda estiver conhecendo a pessoa, isso pode ser um pouco desconfortável. Caso vocês não estejam prontos para lidar com emoções fortes em uma conversa, deixe as coisas mais leves, sabendo que poderão voltar ao assunto à medida que a confiança mútua for crescendo.

Na sua próxima conversa, aborde um assunto de grande importância para você.

CAPÍTULO QUATRO

AMPLIE O SEU CÍRCULO

O destino escolhe seus parentes.
Você escolhe seus amigos.
– JACQUES DELILLE

Se você sempre pede brigadeiro, como vai descobrir sua paixão por goiabada? O mundo é exatamente tão grande (e delicioso!) ou pequeno quanto você o torna. Conhecer gente nova e fazer amizades é, invariavelmente, uma forma de dar cores à vida, e ninguém nunca está velho demais para começar. Não fique limitado restringindo-se ao círculo de amizades que já possui. Esteja sempre aberto à ideia de que pode fazer novos amigos em cada fase da vida. A maneira mais simples de conseguir isso é rompendo com a sua rotina. Vamos. Não tenha medo. Saboreie cada uma das suas novas aventuras.

• DICA Nº 29 •

Mude sua atitude

A decisão de se colocar em situações física e emocionalmente diferentes da sua rotina é a melhor forma de se preparar para conhecer gente nova. Você adquirirá uma nova perspectiva simplesmente pelo fato de se abrir à interação com gente com quem, normalmente, não teria contato. Desafiar-se a experimentar algo novo – mesmo que simples, como percorrer um caminho diferente até o trabalho ou sentar-se a uma outra mesa no refeitório – pode colocar você em contato com pessoas que nunca encontrou e que eventualmente o levem a um grupo maior de amigos e, possivelmente, a uma nova vida! Isso pode parecer exagerado, mas é mais do que possível. Temos um amigo que aceitou esse desafio e, enquanto passava uma tarde numa praça diferente da que costumava frequentar com o seu cachorro, conheceu a mulher com quem acabou se casando.

Se você se dispuser a sair da sua zona de conforto, encontrará todo um novo mundo de oportunidades à sua espera. Mas é preciso acreditar que ampliar seu círculo, seus horizontes ou qualquer que seja a metáfora da sua preferência levará a coisas boas.

VÁ A ALGUM LUGAR NOVO, EXAMINE O CENÁRIO EM BUSCA DE ALGUM AMIGO EM POTENCIAL E DIGA OI.

• DICA Nº 30 •

Mude seus hábitos

Todos nós temos rotinas regulares e padrões de comportamento arraigados. Eis algumas sugestões para você mudar hábitos e aumentar as chances de fazer contatos de forma mais espontânea (e divertida):

- Curta o café da manhã, em vez de tomá-lo com pressa. Vá até algum café diferente e, em vez de se sentar curvado por cima do jornal, cumprimente pelo menos uma pessoa.
- A hora do almoço é o momento ideal para tirar uma folga da sua rotina. Prepare um lanche e vá até uma praça para comê-lo. Aproveite o sol do meio-dia e abra-se para novas pessoas em sua vida.
- O jantar (ou happy hour) é a hora mais popular para se reunir com amigos. Sacuda a rotina e experimente um restaurante ou um bar novo. Organize um coquetel e convide alguém que acabou de conhecer.
- Muito embora a distância mais curta entre dois pontos seja uma linha reta, ela também pode ser a rota menos interessante. Experimente passar por um caminho diferente ou usar um meio de transporte alternativo.
- Talvez você tenha o hábito de assistir à televisão ou ler um livro para relaxar; em vez disso, pense ir à livraria para folhear as novidades ou, então, em encontrar um banco confortável numa calçada e assistir ao pôr do sol.

- Responder à sua cota diária de e-mails pode ser mais do que, simplesmente, rotineiro. Aproveite a oportunidade para retomar contatos enviando uma mensagem para um amigo com o qual não conversa há muito tempo. Melhor ainda, escreva um cartão à mão e envie-o à moda antiga.

- Se você gosta de ler, inscreva-se num clube de livros.

- Se você é uma pessoa caseira, que gosta de alugar filmes e ficar em casa, convide alguns conhecidos para uma sessão de DVD.

- As pessoas que moram no seu bairro, condomínio ou edifício já têm algo em comum com você. Apresente-se: muitas amizades duradouras se formaram na porta de casa ou na portaria do prédio.

- O trabalho nos coloca em contato com um sem-número de pessoas. Em vez de um rápido aceno, permita-se o tempo de uma apresentação apropriada que poderá levar a laços verdadeiros.

- Faça planos para conhecer, pessoalmente, um colega de trabalho com quem tenha contato apenas por telefone ou e-mail.

Sair da zona de conforto do seu cotidiano pode causar um pouco de ansiedade ou nervosismo. Aceite o desafio! A cada novo encontro, o seguinte torna-se mais fácil.

Escolha uma das suas rotinas e altere-a.

• DICA Nº 31 •

Associe-se!

A variedade deleita, diz o ditado. No entanto, a menos que tenham de fazê-lo, a maioria das pessoas não se sente confortável o suficiente para sair de suas trajetórias habituais – a simples ideia de conhecer gente nova ou de mudar hábitos pode parecer inconveniente ou, pior, assustadora. Se desviar-se do seu caminho diário lhe parece algo como mergulhar de cabeça em água gelada, temos a solução para você: entre para um grupo organizado de pessoas que compartilham de um (ou mais!) dos seus interesses. Com a preocupação inicial de "sobre o que vamos conversar" dissolvida no motivo da reunião, você poderá relaxar, observar e interagir com os demais enquanto vai ficando à vontade. Depois disso, fazer amigos torna-se inevitável.

Para se associar a um grupo ou se matricular num curso, simplesmente pense em atividades das quais você já gosta de participar ou, se estiver se sentindo audacioso, atividades que sempre quis experimentar mas que, por um motivo ou outro, nunca tentou, como paraquedismo, escrever contos ou correr uma maratona. Você não precisa conquistar o mundo ou mudar a sua vida significativamente; tente alguma coisa nova simples, como observar pássaros, tricotar ou, no caso de Sally, fazer uma aula de culinária para aprender a preparar o peru de Natal perfeito.

Quando Sally se matriculou na aula de culinária do Sur La Table, ela não só aprendeu a fazer um peru perfeito, como fez amizade com outro mestre-cuca.

Aulas e grupos, quer estejam centrados em algo de atlético, filantrópico, artístico ou político, não necessariamente requerem uma dedicação de longo prazo, e as atividades podem nem mesmo exigir esforço físico, como escutar gravações originais de músicas ou assistir aos seus filmes preferidos. É possível até fazer uma aula para superar uma fobia em especial. Se você tiver medo de água, por exemplo, matricule-se na natação para iniciantes. Garantimos que, depois de molhar os pés, você fará pelo menos um novo contato.

MATRICULE-SE NUM CURSO OU FAÇA ALGUMA ATIVIDADE EM GRUPO.

• Graças a reuniões •

Em 1955, eu era jovem e trabalhava no porão da Foley's, em Houston, passando cortinas a ferro e aprendendo os segredos da venda no varejo. Meus companheiros de faculdade – Mike Egan, Wes Dixon e Dick Grave – sugeriram que nos encontrássemos em New Haven para o nosso quinto aniversário de formatura. Custava caro viajar aquela distância toda saindo de Houston, e eu não estava louco por gastar o meu modesto salário naquilo; eu mantinha contato com todos os amigos da faculdade de quem gostava e podia ver meus companheiros de quarto quando quisesse. Mas os rapazes eram muito insistentes – como são mesmo os amigos nessa idade –, e, quando dei por mim, estava num avião rumando para a Costa Leste. No final das contas, foi uma das melhores coisas que fiz na vida.

Embora os anos de faculdade tenham sido compensadores para mim, houve muita gente da minha turma que eu não cheguei a conhecer realmente nos anos que lá passei. A nossa foi a maior turma a se formar em Yale, devido ao final da Segunda Guerra e ao retorno dos veteranos. Na reunião, conheci Bob Massie, que mais tarde escreveu diversos livros e ganhou o Prêmio Pulitzer com Nicolau e Alexandra. *Naquele ambiente relaxado, Bob e eu tivemos uma longa conversa sobre o significado da amizade. Mantivemos a nossa própria amizade pelos 50 anos que se segui-*

ram. Também conheci Larry McQuade, de quem ouvira falar na faculdade. Ele havia jogado futebol americano, era da irmandade Phi Beta Kappa e bolsista Rhodes: tudo aquilo que eu gostaria de ter sido, com exceção do futebol! Eu jamais havia achado que tivéssemos qualquer coisa em comum. No final das contas, gostamos muito da companhia do outro, e ele ainda é, até hoje, um dos meus melhores amigos.

Nem todos os encontros que tive em reuniões de ex-alunos foram igualmente agradáveis. Fico desapontado em constatar que algumas das pessoas que eram medíocres no ensino médio continuaram medíocres anos mais tarde. Um sujeito arrogante e metido a sabe-tudo do time de atletismo da escola continuou sendo arrogante e se sentindo o mais esperto, só que na reunião insistiu em me vender seguro de vida – e eu era solteiro; não precisava de um seguro desses!

No entanto, conhecer Bob Massie e Larry McQuade e todos os novos amigos que fiz em reuniões de ex-alunos me motiva a comparecer sempre que tenho oportunidade. É ótimo saber que vou ter pelo menos um ponto de identificação com cada pessoa presente; mas, com frequência, acabo tendo muito mais do que uma única coisa em comum com alguns, apesar dos medíocres.

• • •

• DICA Nº 32 •

Arranje um grupo

Se você não conseguir encontrar um grupo preestabelecido que lhe agrade, assuma o controle da situação e monte o seu. Eis alguns exemplos:

- Grupo de astronomia: os integrantes trazem o seu próprio telescópio e admiram juntos as estrelas.
- Clube de investimentos: seus integrantes discutem estratégias de planejamento de investimentos.
- Clube de culinária: todos contribuem com um prato feito em casa, e juntos planejam cardápios.
- Grupo de estudo de idiomas: os participantes treinam o seu inglês – ou espanhol, francês, italiano, etc.
- Grupo de arte: os participantes visitam galerias e discutem suas opiniões durante jantares.
- Grupo de invenções sem patente: os inventores se reúnem para exibir uns aos outros suas criações.
- Grupo de ioga e/ou pilates: os participantes dividem os custos, e as aulas são dadas na casa de cada um.
- Grupo dos novos pais: os integrantes se reúnem para discutir os desafios de ter um recém-nascido.

COMECE O SEU PRÓPRIO GRUPO ORIENTADO POR UMA ATIVIDADE.

• DICA Nº 33 •

Viaje

Você provavelmente já sabe que viajar amplia os horizontes; portanto, por que não transformar a experiência em uma que amplie, também, o seu círculo de amizades? Não importa se você for cruzar a cidade ou o mundo; a experiência de estar em algum lugar novo, onde não conhece ninguém e onde os seus hábitos costumeiros não se aplicam, prepara você para novas aventuras. Um dos nossos primos costumava ir a reuniões mundiais de negócios e, como o filho dele sempre costumava dizer, "voltava com uma mala cheia de novos amigos". O melhor de tudo é que ele se manteve em contato com muitos deles pelo resto da vida. Você também pode usar viagens como oportunidade de fortalecer amizades já existentes. Eis algumas sugestões para fazer contatos enquanto está na estrada:

- Conheça os habitantes locais: com o auxílio de um nativo, você descobrirá mais sobre um novo lugar do que poderia descobrir por conta própria e terá a oportunidade de fazer um novo amigo. Conectar-se com alguém cujas origens são diferentes das suas é esclarecedor e pode resultar num relacionamento bem diferente dos que você já tem em casa.

- Converse com outros viajantes: como visitantes de um lugar novo, vocês já têm algo em comum! Permita que essa seja a ponte para conhecer gente nova.

- Receba visitantes estrangeiros: retribua o favor a alguém que você conheceu fora ou receba visitantes através de um serviço de intercâmbio. Com qualquer uma dessas opções, a sua generosidade levará a novas amizades e a experiência de exibir o seu próprio território doméstico o levará a apreciá-lo de forma renovada.

- Viaje com velhos amigos: viajar com amigos que você não vê há tempos é a nova tendência do turismo. Alugue uma casa grande em algum lugar, reúna alguns colegas de escola, de trabalho ou amigos de infância e passe um fim de semana fazendo alguma coisa divertida e, mais importante, colocando os assuntos em dia.
- Viaje para longe com alguém próximo: fazer uma viagem com alguém que você conhece é uma ótima maneira de acrescentar uma nova dimensão ao seu relacionamento. Tirar uma amizade de seu contexto habitual e ter uma nova experiência juntos a fortalecerá e criará recordações novas para guardar com carinho quando vocês voltarem para casa.

PLANEJE UMA VIAGEM PARA OS PRÓXIMOS MESES, VOLTE PARA CASA COM NOVOS LAÇOS ESTABELECIDOS E DEPOIS MANTENHA-OS VIA E-MAIL, CARTAS OU TELEFONEMAS.

• DICA Nº 34 •

Não forme casulos, forme colmeias!

Você já olhou uma colmeia bem de perto? Conectando tantos favos de mel num desenho tão complexo, uma colmeia vive, literalmente, zumbindo de atividades sociais. Se você pensar no seu círculo social como uma colmeia, com potencial de crescimento exponencial, a sua capacidade de fazer novos amigos (e de ligá-los aos que você já tem estabelecidos) será visivelmente acentuada.

No final dos anos 1980, início da década de 1990, Faith Popcorn, especialista em tendências, ficou conhecida por cunhar o conceito sociológico de "encasulamento". Ela o descrevia como a preferência a ficar em casa e formar "casulos" longe das outras pessoas, buscando refúgio dentro de círculos já conhecidos. Hoje, no entanto, segundo a empresa Yankelovich, que estuda as atitudes dos consumidores, as pessoas vêm se ligando umas às outras pelo "colmeiamento". Sally, ao escrever artigos sobre estilo de vida e ao receber amigos em casa, vem percebendo que o "colmeiamento", ou a criação de atividades inovadoras em grupo, é uma maneira fácil de as pessoas estabelecerem vínculos novos e significativos. Assim, arrisque-se. Em vez de formar um casulo seguro dentro da sua casa, crie uma colmeia!

AMPLIE O SEU CÍRCULO SOCIAL PROPONDO AOS AMIGOS TRAZEREM OUTRAS PESSOAS PARA UMA ATIVIDADE EM GRUPO.

Viva um pouco "em colmeia"!

Qualquer uma das atividades seguintes são divertidas para convidar pessoas:

- Noite do pôquer: organize uma noite do pôquer e peça a dois amigos que tragam, cada um, um amigo que você não conhece bem. Você terá a casa cheia de novos amigos!
- Noite da jogatina: talvez você não seja muito chegado a jogos de cartas, mas quase todo mundo gosta de algum tipo de jogo, e é uma ótima forma de conhecer as pessoas. Tente convidar uma turma para um desafio de perguntas e respostas, um jogo de tabuleiro, ou até mesmo para brincar de mímica.
- *Scrapbook*: reúna um grupo que goste de montar álbuns originais e aproveite para trocar ideias sobre as fotografias expostas e, quem sabe, trocar até material.
- Discussão mensal: escolha um tópico diferente para discutir a cada mês, de acordo com os interesses do seu grupo.

• DICA Nº 35 •

Priorize qualidade, não quantidade

Com tantos amigos em potencial, é tentador preencher sua agenda de endereços com nome após nome e colecionar números de telefone da mesma maneira que Donald Trump ganha dinheiro: rápido e furiosamente. Mas calma, respire bem fundo.

Muito embora sempre haja lugar na sua vida para mais um amigo, não apresse o processo e confunda quantidade com qualidade. Não nos entenda mal: ter um grande número de pessoas diferentes e interessantes temperando o seu dia a dia é maravilhoso e tende a melhorar a vida de qualquer um. Também é possível manter muitos relacionamentos próximos. Mas o objetivo numa amizade deve ser o prazer de realmente conhecer um ao outro. Você só pode fazer isso se passarem tempo juntos. Assim, reserve um espaço na sua agenda para atividades que incluam apenas você e alguém importante na sua vida.

PASSE ALGUM TEMPO DE QUALIDADE COM UM AMIGO QUE VOCÊ NÃO VÊ HÁ TEMPOS.

• DICA Nº 36 •

Use a tecnologia para retomar contatos

Além desse mundo vasto e maravilhoso que se estende pelo seu quintal afora, há um outro mundo – mesmo que virtual – oculto dentro do seu computador. Se você ainda usa a lista telefônica para localizar amigos com os quais perdeu contato, está na hora de entrar para a Era da Informação. A World Wide Web é a última fronteira para ampliar o seu círculo de relacionamento, proporcionando formas ilimitadas para as pessoas se conhecerem, encontrarem pontos em comum e se contactarem. Redes sociais, tribos urbanas e colmeias são apenas alguns dos fenômenos humanos que surgiram de sites de relacionamento na web como Facebook, Orkut e MySpace. As possibilidades existentes além de salas de bate-papo, fóruns e torpedos são ilimitadas.

Quando Roger começa a se perguntar o que aconteceu com os velhos amigos do passado, quer seja um amigo de infância, do exército ou da escola secundária, ele os busca colocando o nome da pessoa no Google, Yahoo ou em qualquer um desses sites "busca-gente".

Nem sempre é fácil encontrar um amigo de infância que não se vê há décadas, mas ele já conseguiu, miraculosamente, graças à internet. Roger localizou seu amigo mais antigo Jay ("Jayboy") Eckert em Cincinnati, onde Roger nasceu. Jay o conduziu até outro velho amigo, Bobby Hunsicker, que Jay soubera ter se mudado para Indiana. Roger enviou-lhes velhas fotos da infância, trazendo à tona toda espécie de recordações. Como os filhos de Roger não tinham a menor ideia de quem estava naquelas fotos e por que ele as guardava, foi maravilhoso para ele encontrar gente que se interessou e gostou de se ver nelas depois de tanto tempo.

Depois que Jay (não mais "Jayboy"), Bob e Roger entraram em contato por e-mail e telefone, planejaram um maravilhoso encontro em Cincinnati, a cidade onde tudo começou. Jay conduziu os outros dois de carro pelo antigo bairro onde moravam e lá conversaram sobre quem havia morado em cada uma das casas. Na hora do jantar, Roger os presenteou com buttons de fotos tiradas juntos quando eram pequenos, e Jay levou crachás que mandara fazer, com os dados originais de cada "menino". Sem a tecnologia – neste caso, e-mail e sites de busca – Roger jamais teria tido esse dividendo a mais da amizade.

Uma advertência, no entanto: muito embora a tecnologia ofereça maneiras fáceis de nos contactarmos com as pessoas, ela também pode nos impedir de tornar um relacionamento real e sustentável, encontrando e conhecendo pessoalmente, aos poucos, o outro. É importante usar todas as formas possíveis para estabelecer contatos com outras pessoas. Aproveite as excelentes maneiras pelas quais a internet encurtou distâncias, mas não experimente o mundo exclusivamente por meio da tela do seu computador: amizades exigem interações ao vivo, cara a cara (pelo menos de vez em quando), para realmente prosperarem.

CADASTRE-SE NUM SITE DA WEB QUE PERMITA QUE VOCÊ SE RELACIONE COM OUTRAS PESSOAS.

CAPÍTULO CINCO

DÊ CONTINUIDADE

Querer tornar-se amigo é tarefa rápida,
mas a amizade é um fruto que
amadurece lentamente.

– Aristóteles

Há um bom motivo pelo qual, em inglês, o termo *budding* (em processo de germinação) costuma seguir a palavra *amizade*. Como uma semente plantada, a amizade requer atenção regular se quisermos que ela brote e floresça. O fertilizante de uma amizade bem-sucedida é a continuidade. Dar *follow-up*, outro termo do inglês muito utilizado no mundo dos negócios, é o oposto de sentar-se passivamente e esperar que a amizade aconteça; tem a ver com fazer das amizades prioridade na sua vida e agir para aprofundá-las e melhorá-las. Embora isso exija, sim, um certo empenho, a boa-nova é que é muito mais fácil, dá muito mais retorno e exige menos do que qualquer outro empreendimento no qual possamos pensar.

• DICA Nº 37 •

Dê continuidade, dê continuidade, dê continuidade

A maior parte das pessoas associa o termo *follow-up* ao mundo dos negócios: algo a ser feito após uma entrevista de emprego ou uma reunião importante. No entanto, deveria ser um elemento igualmente significativo na sua vida pessoal, pois trata-se da coisa mais importante para se construirem amizades.

Aplicada à amizade, a continuidade não tem nada a ver com prosseguir ou encerrar uma transação. É apenas uma forma de demonstrar apreço por outra pessoa, de expressar interesse em conhecê-la melhor ou, simplesmente, de estreitar laços! Não há obrigação, segundas intenções ou expectativa de retorno sobre um investimento. No entanto, se você der continuidade aos relacionamentos com os amigos com a mesma a eficiência com que faz nos negócios, certamente colherá inúmeros benefícios.

Isso requer que você entre em contato com a pessoa – por telefone, bilhete ou mesmo e-mail –, deixando claro que o relacionamento é importante para você. Ela se sentirá bem e muito estimada. Afinal, qual foi a última vez que você não gostou quando lhe manifestaram consideração? Há poucas coisas no mundo tão boas quanto receber afeição, um elogio ou um contato amigável inesperado; exceto, talvez, fazer isso por alguém de quem você goste.

DÊ UM TELEFONEMA PARA UM AMIGO QUE CONHECEU RECENTEMENTE PARA SABER COMO ANDAM AS COISAS.

• DICA Nº 38 •

Dê "atenção"

Na nossa família, o conceito de dar continuidade foi decretado pela vovó Fay, que jamais deixou um único dia passar sem distribuir "atenções" para todos que tivessem qualquer tipo de contato com ela. Se alguém fosse prestativo ou simpático – emprestando-lhe um guarda-chuva, fazendo-lhe um elogio ou carregando as suas compras pesadas –, essa pessoa, invariavelmente, receberia um telefonema de agradecimento ou uma cartinha de Fay. E qualquer um que telefonasse para ela para agradecer alguma coisa recebia um telefonema de volta, o que podia se estender *ad infinitum*!

Fay mantinha extensas anotações e listas sobre tudo em sua vida e gastava grande parte do dia se correspondendo com as pessoas. Em retorno, era extremamente amada, com uma riqueza de amigos. Sua motivação por trás das "atenções" era, simplesmente, certificar-se de que todos os que faziam parte de sua vida se sentissem queridos e valorizados. Embora também adorasse fazer aquilo, Fay mantinha-se em dia com as pessoas e lhes agradecia constantemente porque sentia que era o correto: sentia obrigação de dizer aos outros que apreciava o seu empenho.

Apesar da rigidez de considerar "necessário" enviar cartões de agradecimento até mesmo para os atos mais minusculamente benevolentes, originada nos primeiros manuais de etiqueta, os motivos por trás disso têm uma base sincera. Conforme aprendemos com nossa grande amiga e especialista no assunto, Letitia Baldrige, a etiqueta é, na realidade, centrada na gentileza e na atenção; quem pode encontrar defeito nisso? "O que é maravilhoso nas regras de etiqueta", diz ela, "é que foram criadas pelos líderes da nossa civilização não como um exercício de intimidação, mas, sim, para deixar as pessoas à vontade, relaxadas e seguras com relação ao seu comportamento e para lhes mostrar como deixar outras pessoas igualmente à vontade."

É claro que enquanto crianças era difícil nos deixarmos convencer de que passar uma tarde de Natal com cãibra na mão de tanto escrever bilhetinhos de agradecimento pudesse ser mais do que uma obrigação chata. No entanto, mais tarde na vida, já armados de uma compreensão nova e mais adulta da perspectiva das regras de etiqueta e da capacidade de ignorar o "dever", a herança da vovó Fay de escrever cartinhas expressivas, criativas e gentis tornou-se uma arte e um prazer para todos nós.

Se você deseja construir amizades ou manter as antigas, ser um bom correspondente o ajudará incrivelmente. É algo que você pode começar a fazer a qualquer momento, sem gastar tempo ou dinheiro em excesso e a despeito das suas habilidades específicas no campo da comunicação. A chave é encontrar um método que pareça agradável para você e seu amigo. Depois, é só dar "atenção".

REABASTEÇA O SEU ESTOQUE DE CARTÕES E SELOS E, ENTÃO, ENVIE UMA "ATENÇÃO" A UM AMIGO.

• DICA Nº 39 •

Expresse o seu carinho

No mundo dos negócios, é preciso dar continuidade às iniciativas. Isso é feito para esclarecer metas após uma reunião, proporcionar as informações necessárias para fechar um negócio ou fornecer uma agenda a colegas. Há um protocolo a ser seguido.

Numa amizade, dar continuidade não é um conceito tão rígido e pode ser praticado de forma mais criativa – e sem hora marcada! Os benefícios são menos tangíveis; não podem (e não devem) ser medidos, mas você sentirá as recompensas com tanto (ou mais) prazer quanto se fosse receber uma promoção ou um aumento!

Uma das formas mais simpáticas (e fáceis) de dar continuidade é simplesmente expressando o seu carinho por alguém. Isso pode vir na forma de um elogio ou de dizer "oi" para um conhecido que não vemos há tempos ou, talvez, se materialize na sensação gostosa de dar um abraço apertado num confidente de longa data. Você terá de aferir qual é o grau de carinho adequado para aquele relacionamento em especial.

Qualquer que seja a forma escolhida para expressar seu carinho, sua sinceridade e sua afeição estarão claras. O resultado será encorajar o novo relacionamento ou aprofundar o que já existe.

ABRACE UM AMIGO QUERIDO... COM VONTADE!

• DICA Nº 40 •

Pense pequeno, mas de forma sincera

Demonstrar seu apreço para um amigo não precisa ser um gesto grandioso. É mais importante fazê-lo com rapidez e sinceridade. Se você quiser agradecer a uma amiga por escutá-la desabafar cada detalhe do seu último romance fracassado, simplesmente passe a mão no telefone e diga "obrigado". Não é necessário um jantar majestoso, com um quarteto de cordas e vista para o mar. Esse tipo de evento talvez pudesse ter salvado o seu romance sem brilho, mas só iria servir para deixar a sua amiga constrangida. Além de telefonar, há muitos outros pequenos gestos que podem comunicar, efetivamente, o seu apreço:

- Envie um bilhete: não importa se você tem aptidões tecnológicas ou se prefere enviar cartas à moda antiga. Mande um e-mail, um fax, um cartão-postal ou bilhete. Independentemente do método que você escolher, é uma forma infalível de fazer com que alguém saiba que é importante para você.

- Dê uma (pequena) lembrança: é sempre uma delícia receber um pequeno presente "do nada"! Algo simples, mas significativo – uma foto de vocês dois, um livro ou uma planta que você sabe que a pessoa apreciaria – é suficiente. Se você vir algo na medida, envie – não é preciso aguardar a ocasião certa.

- Ajude: se você souber que um amigo está passando por alguma necessidade, por que não ajudar? Ofereça-se para tomar conta dos filhos dele por uma noite ou lhe prepare uma refeição.

- Dê parabéns: a pessoa ficará emocionada por você ter notado a realização dela – seja ela grande ou pequena.

Nos bons e nos maus momentos, encontre uma forma (uma que funcione para você, mas não deixe de encontrar!) de dizer aos seus amigos quanto eles lhe são importantes: dê parabéns, abraços, faça elogios e chame atenção para todos os motivos positivos pelos quais você se interessa, se inspira e se conforta com aquela amizade. A expressão é o ato supremo da amizade: um ato que lhe dará enorme prazer e lhe será retribuído aos borbotões. Ser e ter um amigo é uma das melhores recompensas da vida. Até mesmo o menor gesto de apreço terá o maior retorno.

ENVIE UM CARTÃO-POSTAL A UM AMIGO APENAS PARA DIZER "ESTOU PENSANDO EM VOCÊ".

• Arquivo amigo •

Adoro organizar tudo – e essa ânsia incontrolável vale para as coisas dos outros tanto quanto para as minhas! Quando minha amiga Jennifer, que recentemente se tornara mãe de dois, estava desesperadamente necessitada de uma faxina em sua mesa de trabalho, eu soube que tinha algo a lhe oferecer. Em vez de apenas encontrá-la para um almoço, me propus criar um sistema de arquivos para ela. Enquanto eu mergulhava nas suas pilhas de papéis, Jennifer amamentava os seus recém-nascidos, e batemos um longo papo. De várias maneiras, Jennifer dera demonstrações de sua amizade por mim, às vezes mais com ações do que com palavras, como me recomendar para um amigo ou chegar mais cedo num jantar em minha casa para me ajudar a arrumar as coisas. Ajudar Jennifer a se ajustar à vida de mãe foi muito mais significativo para nós duas do que se eu tivesse, simplesmente, enviado um cartão ou uma lembrancinha.

• • •

• DICA Nº 41 •

Faça elogios

O esforço de fazer um elogio é muito pequeno. "Os seus e-mails são ótimos" ou "Você sempre faz as pessoas se sentirem muito à vontade" são frases simpáticas que muitas vezes simplesmente esquecemos de dizer. Quando elogiamos algo que nunca ocorrra à outra pessoa ser tão valioso ou importante, o efeito é melhor ainda. E se você falar o que pensa para as pessoas, com sinceridade, ajudará a abolir um dos mais detestáveis abusos das interações sociais: o elogio vazio.

Se você já esteve do lado receptor de elogios, de parabéns, declarações de amor ou gratidão, sabe como é boa a sensação. Um dos motivos pelos quais tais expressões são tão agradáveis é porque todos nós sabemos que nem sempre é fácil dizer o que está passando pela nossa cabeça à pessoa que queremos que nos escute. Esse é, exatamente, o motivo pelo qual é tão significativo se dar o trabalho de reconhecer todas as pequenas coisas que o seu amigo faz e que deixam você feliz.

ELOGIE UM AMIGO HOJE.

• DICA Nº 42 •

Não deixe a peteca cair

A primeira vez que você deve dar continuidade no contexto de uma amizade é imediatamente após encontrar uma pessoa que gostaria de conhecer melhor. É o momento em que "não deixar a peteca cair" se torna crucial; é importante não esperar demais depois do primeiro encontro para demonstrar sua vontade de levar a amizade adiante. Da mesma forma, se você disse a esse novo amigo que ficaria satisfeito em fazer alguma coisa por ele ou ela, este é o momento.

Qualquer forma de contato é válida, contanto que você comunique como gostou de conhecer a pessoa e sugira que se vejam outra vez no futuro próximo e continuem o diálogo. Para construir uma ponte entre o encontro inicial e a segunda vez que se virem, faça alusão a algo sobre o qual conversaram ou a um elo em comum criado. Seja sincero, e a pessoa certamente apreciará seu gesto.

Uma observação: se não puder dar continuidade imediatamente após o encontro, faça isso depois. Só não vale deixar para lá e permitir que a amizade se evapore.

Se achar que o seu contato posterior pode parecer um pouco agressivo ou que a pessoa pode ficar incomodada, lembre-se: quem não arrisca, não petisca. Além do mais, todo mundo gosta de receber atenção!

SE VOCÊ GOSTOU DE TER CONHECIDO UMA PESSOA NOVA, DÊ CONTINUIDADE À AMIZADE DIZENDO-LHE EXATAMENTE ISSO.

• Uma foto vale mil palavras •

O falecido e lendário empresário Stanley Marcus, meu mentor, colecionava cartões-postais e viajava com eles. No caminho, escrevia algumas linhas e os enviava na escala seguinte da viagem, só para dizer olá. Amigos ficavam surpresos e satisfeitos quando os recebiam.

Hoje, sua neta, Allison Smith, amiga mais antiga de Sally e fotógrafa profissional, desenvolveu a sua própria versão da tradição. Envia de 20 a 30 cartões-postais por mês criados à mão a partir das suas fotografias. Com algumas poucas frases, Allison se mantém em contato com as pessoas resumindo suas andanças ou experiências com uma imagem.

• • •

• DICA Nº 43 •

Seja específico – e breve

Quando estiver escrevendo um bilhete para alguém, seja uma notinha de "obrigado" ou de "foi um prazer conhecê-lo", sempre se refira ao gesto ou ao acontecimento sobre o qual está escrevendo. Assim como numa conversa, onde referências específicas funcionam melhor do que conversa fiada e sem sentido, nas trocas escritas os detalhes tornam a mensagem mais autêntica. Se alguém fez uma gentileza e você quer que saiba que ficou satisfeito, talvez possa dizer "Obrigado por me apresentar ao Mark" ou "Foi muito simpático da sua parte organizar aquele chá de bebê para a Ann". Se recentemente você conheceu alguém que gostaria de ver outra vez, mencione algo sobre a interação que claramente causou prazer aos dois: "Espero que logo possamos continuar a nossa discussão sobre arte surrealista."

Seja afetuoso, aberto, simpático – e breve. Uma vez que tiver dado o seu recado, você terminou; não há motivo para escrever uma carta de quatro páginas só para dizer "Foi um prazer conhecê-lo". (Guarde o entusiasmo para a próxima vez que vocês se virem.)

Se você escolher enviar um cartão de aniversário ou de festas para manter contato, acrescente um pequeno bilhete: "Espero vê-lo em breve." Para amigos de longa data que moram longe, você pode fazer uma referência à última vez em que se viram. Não se sinta pressionado a preencher o espaço em branco: é do fato de você ter mandado um bilhete que as pessoas vão lembrar.

Envie um bilhete de agradecimento escrito à mão para um amigo.

• ALGUNS GOSTAM POR ESCRITO •

Houve uma época em minha vida em que eu gostava de enviar longas cartas a meus pais, que detalhavam tudo o que eu vinha fazendo – quase como um diário. Em troca, eles me enviavam respostas igualmente longas. Parecia que, ao escrevermos essas cartas uns para os outros, criávamos um estado de espírito único no qual nos sentíamos livres para nos expressarmos com grande intimidade – e suspeito que talvez tenhamos passado a revelar mais sobre nós mesmos por causa disso.

Meus filhos também tiveram esses momentos conosco, com a única diferença de que o e-mail foi a forma preferida de comunicação. No entanto, fiz questão de imprimir essas mensagens e de arquivá-las num local seguro.

Eu ainda guardo as cartas que troquei com meus pais. Lendo-as, sempre me vem à mente quanto tivemos sorte em termos expressado nossos sentimentos por escrito, de maneira que hoje tenho um registro tangível de nosso relacionamento, o qual sempre guardarei com carinho.

• • •

• DICA Nº 44 •

Deixe seus amigos à vontade

Faltar ao trabalho para ficar em casa tomando sorvete e assistindo a reprises de um seriado de TV; comprar um perfume de 200 reais a prazo, quando você sabe que só tem 50; pegar emprestado o suéter de cashmere favorito da sua irmã sem contar a ela... Todas essas situações inspiram sentimento de culpa; manter uma amizade com alguém, não!

Amizades não são baseadas num sistema de troca do tipo "me dê isso que eu lhe dou aquilo". Se você enviar um longo e-mail ou carta, é simpático deixar as pessoas à vontade, demonstrando que não espera que "paguem na mesma moeda" se não puderem ou se não quiserem. Escreva uma observação como "Leia/responda quando puder" ou "Não é necessário responder" no topo da carta ou na linha de "assunto" do e-mail, para fazer com que o outro saiba disso. Ted Cross, amigo da nossa família, tem uma abordagem mais divertida, prendendo um bilhetinho que diz: "Não ouse responder a isto." Uma regra básica para escrever um simples e-mail visando a se manter em dia com um amigo é limitar o seu tamanho ao que caberia num Post-it (o menorzinho).

Talvez a única coisa pior do que se sentir obrigado a responder a uma carta informal de alguém seja explicar à sua irmã como o suéter dela foi parar "sem querer" no seu guarda-roupa.

ENVIE UM E-MAIL PARA UM AMIGO COM A MENSAGEM "NÃO PRECISA RESPONDER!".

• DICA Nº 45 •

Passe a mão no telefone

Por causa dos custos, por décadas as cartas reinaram absolutas sobre os telefonemas. Antes da onipresença dos celulares e da competição acirrada entre conglomerados de telecomunicações, que forçaram as tarifas a baixar, as pessoas só faziam ligações internacionais e interurbanas em ocasiões muito especiais.

Hoje em dia, muita gente usa o e-mail como principal forma de se comunicar, de modo que o telefone voltou a ser relegado a ocasiões especiais. Mas um telefonema – ou pelo menos um recado deixado numa secretária eletrônica – ainda é uma maneira confiável e direta de se manter em contato com alguém – quase tão boa quanto estar com um amigo pessoalmente. Ouvir a voz de alguém *ao vivo* cria uma ligação mais pessoal do que você pode ter usando qualquer outra troca eletrônica.

No entanto, compreenda que algumas pessoas não podem ou não gostam de conversar ao telefone. No início de um telefonema, antes de se lançar numa conversa, pergunte se é um momento conveniente para falarem. Para aqueles amigos que gostam de bater papo ao telefone, tente "marcar horários" convenientes para as duas partes, como se você os estivesse encontrando em pessoa. Dessa forma, você se certifica de que haverá tempo suficiente para colocarem os assuntos em dia.

Se estiver passando pela cidade de um amigo, ligue para ele e retome o contato. Deixe claro que não está esperando um encontro; queria apenas dar um alô.

• DICA Nº 46 •

Aperte "enviar"

E-mails e mensagens de textos nos permitem fazer tudo aquilo que poderíamos fazer numa carta e ainda mais, com facilidade e sem o custo do selo. Em vez de procurar tesoura e cola para enviar a alguém um artigo de jornal, você pode escaneá-lo ou mesmo enviar um link. Em vez de comprar cartões de aniversário, você pode fazê-los ou enviar cartões eletrônicos de sites. É possível anexar fotografias digitais ou arquivos de áudio e imprimir e-mails importantes para que possam ser guardados como cartas.

O e-mail mudou a forma de as pessoas se corresponderem. Ele nos facilita dar continuidade aos assuntos e manter contato com os amigos. É discutível, mas o e-mail melhorou a capacidade de fazer e manter amigos para todo mundo que o usa.

Por outro lado, a facilidade do e-mail pode fazer com que as pessoas fiquem um pouco preguiçosas com relação aos aspectos mais importantes da amizade ou dos meios de comunicação mais apropriados para cada situação. Devemos ser prudentes para não deixar que o e-mail substitua inteirações reais, quer via telefone ou pessoalmente (além do mais, alguns amigos ainda gostam do correio lento!).

ENVIE UM ARTIGO OU LINK PARA UM AMIGO.

• DICA Nº 47 •

O momento de usar o correio

Por mais maravilhoso e fácil que seja manter-se em contato via e-mail, ele simplesmente não é adequado em certas ocasiões. Trata-se de um meio de comunicação mais informal e não muito privado. Portanto, qualquer assunto mais delicado, pessoal ou sigiloso não deve ser tratado via e-mail. (Principalmente no trabalho, onde os e-mails podem ser monitorados, evite enviar mensagens pessoais.)

Um presente significativo requer palavras escritas à mão e enviadas pelo correio. O seu esforço demonstrará seu apreço pela pessoa a quem as enviou.

O ideal é que condolências, por exemplo, sejam enviadas por bilhete escrito à mão; a formalidade demonstra respeito. Se possível, refira-se a uma qualidade em especial ou lembrança que você tem da pessoa que partiu (ver Dica nº 43). Quando estiver escrevendo para um amigo que perdeu alguém que você não conheceu, simplesmente ofereça palavras de conforto e apoio, demonstrando que sabe que ele sofreu uma grande perda e que sente muito por isso. A maioria das pessoas ficará feliz por você tentar consolá-la num momento difícil, sem esperar que você encontre as palavras perfeitas.

SE UM AMIGO ESTIVER PASSANDO POR UM MOMENTO DIFÍCIL, ENVIE-LHE UM CARTÃO CARINHOSO.

• DICA Nº 48 •

Seja criativo ao dar continuidade

Se telefonemas, e-mails e bilhetes não lhe agradam, há outras ideias que você pode usar para manter contato! Apenas certifique-se de que a abordagem é apropriada para o relacionamento em questão. Eis algumas sugestões:

- CLIPPINGS: enviar recortes de revistas ou de jornais que se referem a uma conversa que se teve com alguém ou que fizeram você pensar na pessoa é uma boa maneira de dar continuidade a um assunto. O e-mail com um link é a versão contemporânea e tecnológica desse tipo de follow-up!
- REFERÊNCIAS: funcionam tanto para relações meramente pessoais (para colocar um amigo recém-chegado da Itália em contato com outro amigo italiano que mora nas redondezas) como para os que misturam o lado pessoal e profissional (recomende um personal trainer que você conheça a um amigo que está à procura de um).
- EVENTOS: se você souber de um evento que talvez interesse a alguém, envie-lhe os detalhes. ("Sabia que aquele autor que você mencionou vai fazer uma leitura na biblioteca pública, na terça-feira?")

FAÇA UMA ANOTAÇÃO MENTAL QUANDO UM AMIGO MENCIONAR UM INTERESSE EM ESPECIAL E TENTE PENSAR NUMA REFERÊNCIA APROPRIADA.

*Dorothy Rodgers, escritora e esposa do famoso compositor Richard Rodgers (*Oklahoma, Ao sul do Pacífico, O rei e eu *e* A noviça rebelde*) escreveu um livro intitulado* My Favorite Things *[*Minhas Coisas Favoritas, *referência a uma das canções de* A noviça rebelde*], publicado à época em que eu era comprador da Neiman Marcus, na década de 1960.*

Stanley Marcus sugeriu que organizássemos o lançamento do livro na loja de Dallas e o incluíssemos em uma de nossas ofertas por correio, o que era bastante incomum para uma loja que não fosse livraria. A Sra. Rodgers foi a Dallas para o evento com o marido. Mais tarde contou-nos que foi a primeira vez que viajaram juntos sendo ela a convidada de honra, e não o contrário.

Após o bem-sucedido lançamento do livro, minha esposa e eu fomos convidados para jantar na casa dos Marcus com Dorothy e Richard Rodgers. Como eu era um comprador muito jovem, foi emocionante ser convidado para a casa do patrão, ainda mais na companhia de convidados tão distintos.

Numa conversa muito amigável durante o jantar, na qual o Sr. Rodgers me pediu que o chamasse de "Dick", eu lhe lembrei que havíamos nos conhecido em New Haven, em 1949, quando Ao sul do Pacífico *estava em sua temporada pré-Broadway no teatro Shubert. Uma colega minha de faculdade tinha um amigo que era substituto de um ator da peça, então havíamos ido ao teatro para assistir a alguns dos ensaios. Lá, tínhamos conhecido o*

Sr. Rodgers, Mary Martin, Ezio Pinza e outros astros da peça. Mal sabia eu que esse encontro, acontecido por acaso, me ajudaria a fazer uma nova amizade tantos anos depois.

Ao final da noite, Dick e Dorothy Rodgers mostraram-se muito gratos pelo nosso trabalho a favor do livro e nos fizeram prometer que lhes diríamos quando fôssemos a Nova York, para que nos víssemos outra vez.

É frequente as pessoas nos pedirem para telefonar ou "manter contato" quando não querem dizer exatamente isso e, no entanto, tive a nítida sensação de que estavam sendo sinceros. Se não estavam, jamais saberei, pois fiz o que pediram e dei continuidade: escrevi-lhes dizendo quanto havia gostado de nosso encontro e disse que estaríamos em Nova York dali a quatro semanas. Mas não disse que gostaria de vê-los, porque não queria pressioná-los ou ultrapassar os limites da simples continuidade daquele primeiro encontro. Uma semana depois, recebemos um maravilhoso convite de Dorothy para irmos à sua casa para uma noite de coquetéis durante a nossa estadia.

Fomos, tivemos uma noite maravilhosa, conhecemos amigos interessantes do casal e começamos uma amizade para a vida inteira.

• • •

• DICA Nº 49 •

Marque um encontro

Não importa o caminho que você escolha para dar continuidade a seus relacionamentos, se o seu objetivo é se encontrar outra vez com uma pessoa, não deixe passar muito tempo. Contatos impessoais não demonstrarão mais do que boa vontade a seu respeito, e mesmo isso se dissipará se você cometer o erro de tentar, repetidamente, manter contato usando, por exemplo, e-mails reencaminhados contendo piadas.

Em vez disso, trace um plano. Não escreva: "Espero vê-lo em breve." Uma ideia melhor seria: "Adoraríamos ver você. Por favor, venha almoçar conosco no dia 5 de março." Se a pessoa mora longe e você deseja transmitir seu interesse em se tornarem amigos, deixe isso claro: "Quando você voltar à nossa cidade, por favor, avise para que possamos planejar um almoço ou jantar." Da mesma forma, se você for viajar, experimente algo como: "Estarei aí na última semana de julho. Se você estiver livre, que tal nos encontrarmos para um café?" Isso informa a pessoa – sem pressioná-la – de que você está disponível.

Convites assim são lisonjeiros e, normalmente, recebidos com entusiasmo. Você se verá a caminho de uma afetuosa amizade.

Antes de dar continuidade a um encontro, pense nas circunstâncias nas quais você gostaria de ver a pessoa outra vez e inclua uma sugestão na sua mensagem.

• DICA Nº 50 •

Dê um pouco

Há muitas ocasiões em que um pequeno presente é uma ótima forma de dizer "obrigado" ou "estou pensando em você". Eis alguns exemplos:

- Quando um amigo ou conhecido nos faz um favor;
- Quando queremos demonstrar que ficamos felizes por um convite;
- Quando sabemos que alguém anda triste;
- Quando sabemos que aquilo fará um amigo rir.

Esses presentes devem ser pequenas lembranças; não precisam ser caros e sempre devem ser dados sem a expectativa de reciprocidade. Eis algumas ideias:

- Uma livro clássico em brochura;
- Um CD com músicas escolhidas por você;
- Uma quinquilharia divertida;
- Um bolo ou biscoitos feitos por você;
- Uma vela.

Seja espontâneo, e a sua generosidade retornará para você de formas inesperadas.

NA PRÓXIMA VEZ QUE VIR ALGO DE QUE UM AMIGO IRIA GOSTAR, LEVE-O PARA ELE.

CAPÍTULO SEIS

FORTALEÇA OS VÍNCULOS

Aprender a conhecer você,
conhecer tudo a seu respeito.
Aprender a gostar de você,
esperar que você goste de mim.

– Oscar Hammerstein, *O rei e eu*

Nossa existência é curta demais para vivermos na superficialidade. Para experimentar as maravilhas da amizade, é preciso mergulhar de cabeça e nadar em águas mais profundas. Embora haja diversas formas de fortalecer uma amizade, muitas vezes uma mudança de contexto pode ser tudo o que é preciso para aumentar o vínculo entre as pessoas. Sair da piscininha infantil para se atirar no mar talvez seja o passo necessário para que você saiba se a sua amizade irá afundar ou boiar. (É claro que estamos apostando na última opção.)

• DICA Nº 51 •

Conserve as velhas amizades

Há alguns amigos com os quais você pode retomar as coisas exatamente do ponto onde as deixou, sem constrangimentos ou desconforto, mesmo que vocês não se vejam há anos. É bem provável que esse tipo de amigo figure entre os seus mais íntimos; o elo entre vocês é tão forte que não pode ser corroído pelo tempo, pela distância ou pelas distrações e inconveniências da vida. Não cometa o erro de negligenciar ou ignorar essas boas amizades no seu desejo de conhecer gente nova. Em vez disso, faça um esforço para se manter em contato por telefone e, quando puder, visite seu amigo ou sua amiga.

Esses são os relacionamentos que guardamos com carinho, os amigos com os quais podemos sempre contar, os confidentes a quem podemos recorrer durante uma crise. Deixe que eles saibam o quanto você lhes dá valor dizendo-lhes exatamente isso, livremente, com a maior frequência possível!

LIGUE PARA UM VELHO AMIGO APENAS PARA DIZER "OI".

• DICA Nº 52 •

Coloque sua amizade em dia

Não importa a circunstância que uniu você a um determinado amigo – terem ficado presos num aeroporto, dado boas gargalhadas juntos depois de alguns drinques, ou simplesmente estarem no lugar certo no momento certo – ou quão confortável e fácil seja o relacionamento resultante desse elo em comum: ele não pode ser sustentado eternamente sem novas experiências.

Manter-se em dia com os amigos é o primeiro passo para seu conhecimento sobre eles não estagnar no passado. Não que haja qualquer coisa errada com o passado; na verdade, refletir a respeito de lembranças com um velho amigo é uma forma maravilhosa de conservar uma amizade. Conversar com alguém que compartilhou uma experiência com você mantém o momento vivo na mente de ambos. No entanto, prender-se demais ao passado impedirá que vocês entrem juntos numa nova era.

Agarre cada oportunidade de criar novas lembranças com um velho amigo.

Quando Charlie Sanders, grande amigo de Roger desde a década de 1960, de Cambridge, foi à estreia londrina de *A megera domada*, ele e Roger acabaram diante de uma atualização sem precedentes dos assuntos e da amizade de ambos. Nos 30 anos anteriores, eles haviam mantido contato por telefone, vendo-se aproximadamente uma vez por ano, quando Charlie passava por Dallas. Roger o convidou para irem de Londres a Bilbao, na Espanha, na companhia de Roger Berlind, coprodutor da peça, e a esposa. Durante a aventura, eles se divertiram, compartilharam opiniões sobre arte, arquitetura, gastronomia e vinhos e aprenderam muitas coisas que não sabiam um sobre o outro em todos aqueles anos de amizade. Apresentar Charlie aos Berlind, amigos mais recentes, também serviu para atualizar o relacionamento. As lembranças dos dois, hoje, se estendem bem além da época passada em Cambridge.

Quer você planeje uma viagem ou um simples churrasco na varanda de casa, traga amigos antigos para a sua vida atual. Faça um esforço para se envolver nas realizações mais recentes deles. Pode parecer suficiente estar em contato com velhos amigos apenas uma vez ao ano, em algum encontro social, mas a amizade se tornará mais compensadora se você acrescentar novas experiências em vez de, simplesmente, reviver as antigas.

TENHA UMA CONVERSA COM UM VELHO AMIGO NA QUAL OS DOIS FALEM APENAS SOBRE SUAS REALIZAÇÕES ATUAIS.

• Retomando o contato com uma amiga de infância •

Quando eu tinha 11 anos, fui para um acampamento de férias para meninas e conheci uma amiga muito querida, Vezna Gottwald. Vezna e eu encenamos juntas O mágico de Oz *(ela foi Dorothy e eu, o Espantalho) e eu a visitei em Nova York depois que o acampamento terminou.*

Como tantos amigos desses momentos precoces e um tanto fugazes de nossa infância, Vezna e eu perdemos contato. Mas, no ano passado, fomos brindadas com um reencontro incrível, organizado pelos meus pais e por uma amiga em comum, Mimi Kilgore, que tinha descoberto que Vezna e eu estávamos morando na mesma cidade.

Mimi me enviou um catálogo dos quadros de Vezna (ela é pintora) e nós nos falamos por telefone. No fim de semana seguinte, passamos um dia inteirinho pondo nosso papo em dia e descobrindo o que havíamos perdido nos 23 anos anteriores. Muito embora nossas vidas tivessem sido diferentes, ainda tínhamos muitas coisas em comum e, acima de tudo, curtíamos a companhia uma da outra. Ficamos encantadas de termos nos reencontrado, e embora seja mais difícil dar início a uma nova amizade já adultas, nosso relacionamento de infância nos proporcionou elo e um alicerce sólido para a conversa. É muito bom ser adulta e sentir uma empolgação infantil por uma afinidade tão antiga.

• • •

• DICA Nº 53 •

Transforme um conhecido em amigo

Vamos supor que, nos últimos dois meses, você venha frequentando regularmente um seminário de fotografia. Enquanto esperava as aulas começarem, teve algumas conversas rápidas mas bastante agradáveis com alguém. Infelizmente, ficou nisso, muito embora você suspeite que pudessem ter interesses em comum além da fotografia. Chegou a hora de transformar esse "conhecido" (qualquer pessoa que você veja regularmente, mas com quem não tenha vínculos) em amigo.

Assim, por exemplo, em vez de apostar no fato de que você verá essa pessoa outra vez no próximo seminário, faça um esforço a mais para trocarem telefones e planejarem algo fora do lugar usual de encontro. Se o local proporcionar uma oportunidade para conversarem (como um restaurante), você certamente conhecerá a pessoa melhor. Outra opção é investir no que já possuem em comum e propor, por exemplo, irem a um vernissage ou saírem para tirar fotos juntos. Esse interesse em comum é uma excelente base – e, quem sabe, você pode até mesmo aperfeiçoar o seu *foco* durante a ocasião?

NA PRÓXIMA VEZ QUE VOCÊ PARAR PARA DIZER "OI" A UM CONHECIDO PERGUNTE SE GOSTARIA DE SE ENCONTRAR PARA CONVERSAR TAMBÉM EM OUTRO LUGAR.

• DICA Nº 54 •

Conserve relacionamentos de longa distância

Você provavelmente tem muitos amigos com quem não convive com frequência, simplesmente porque não moram perto. Como de costume, você vê esses amigos nos grandes eventos da vida, tais como casamentos, encontros e festas de aniversário, embora grande parte da sua amizade esteja baseada num ocasional telefonema ou cartão de fim de ano. A não ser que você seja incrivelmente dedicado, pode ser difícil manter o outro em dia com os aspectos mais íntimos do seu cotidiano.

Uma das maneiras de estreitar os laços com esses amigos importantes porém distantes é fazer um esforço especial para marcar encontros periódicos com eles, pelo menos uma vez por ano. Isso pode significar fazer uma viagem especial para algum lugar, seja por um único dia ou um fim de semana. Se viajar para uma cidade próxima de onde um grande amigo mora, dirija mais algumas horas para vê-lo. Sim, isso vai exigir um pouco mais de planejamento do que colocar um cartãozinho no correio e também mais do que alguns centavos por minuto para ouvir a voz do seu amigo, mas, pode confiar, a recompensa não tem preço. Uma única hora juntos pode fortalecer sua amizade por anos.

PLANEJE UMA VIAGEM PARA VISITAR UM DE SEUS AMIGOS DISTANTES.

• Minha colega de escola e eu •

Há uns dois anos, uma colega minha do ensino médio, Chrissy Coughlin, conseguiu duas entradas para a noite de entrega do Grammy e me chamou para ir como ela. Chrissy pegou um voo de Washington – onde trabalhava como cantora e compositora – para Los Angeles e, juntas, atravessamos o tapete vermelho, nos misturamos a alguns de nossos ídolos e assistimos à cerimônia.

As aventuras da noite, somadas às nossas proezas adolescentes, inspiraram algo muito maior: ambas descobrimos mais sobre a outra do que jamais havíamos descoberto durante quaisquer de nossas trocas de e-mail ou encontros infrequentes em casamentos ao longo dos anos. Ter a chance de nos conhecermos melhor já adultas atualizou nosso relacionamento da época da escola e nos aproximou.

• • •

• DICA Nº 55 •

Crie intimidade

Não estamos sugerindo que você e seu amigo estourem um champanhe e dancem ao som de Barry White. Defendemos, no entanto, que vocês marquem encontros; ou seja, que se vejam com regularidade. Essas ocasiões – que podem girar em torno de algum interesse compartilhado ou de um objetivo em comum – produzem estabilidade e segurança num relacionamento e servem para solidificar, ainda mais, a ligação de um com o outro. O encontro pode ser formal, como um almoço durante a semana, ou informal, como um passeio de domingo pelo parque.

Se vocês conseguirem se encontrar regularmente, poderão pular a etapa da conversa fiada (e as recapitulações de assuntos antigos) e ir direto ao diálogo íntimo. Você e seu amigo terão a oportunidade de conversar e trocar ideias sobre assuntos que vão além das generalidades do cotidiano.

Outra forma de criar intimidade numa amizade (e por "intimidade" queremos dizer simplesmente "compreensão pessoal") é abrir a sua casa para os amigos. Uma vez que as portas da sua residência tiverem se escancarado, é natural que a conversa se torne mais descontraída e reveladora.

Se você ainda não se encontra regularmente com um grande amigo, passe a fazê-lo.

• DICA Nº 56 •

Gerencie seus compromissos

É triste porém necessário: é preciso marcar horários, até mesmo no que diz respeito às amizades. Para extrair o máximo delas, reserve tempo na sua agenda para ver os amigos. Por exemplo, todo sábado em que os dois estão em Dallas, Roger almoça com Jacques Vroom. Embora essa amizade exista há décadas e tenha se iniciado no trabalho, eles a mantêm regularmente atualizada.

Sim, nós entendemos: "Como é que eu posso marcar esse monte de compromissos quando eu mal tenho tempo para mim e para a minha família?", ou então: "Como é que eu vou marcar mais um compromisso com mais uma amiga?", ou "Minha agenda já está cheia demais", diz você, enquanto atira as mãos para o ar. Se parar para pensar, com 1.440 minutos por dia, você certamente consegue arranjar alguns para um bom amigo, não? Eis aqui algumas sugestões para dividir o seu tempo de maneira a se encontrar regularmente com alguém:

- Façam exercícios ou caminhem juntos;
- Peguem o mesmo táxi, ônibus ou metrô para um compromisso em comum;
- Façam uma refeição juntos (todo mundo tem de comer!);
- Combinem de assistir a algum programa de TV, como uma novela ou um seriado;
- Coloquem os assuntos em dia enquanto fazem compras;

- Tomem um cafezinho juntos num fim de tarde;
- Marquem manicure na mesma hora e se sentem lado a lado.

Também é importante se dar conta de que diferentes níveis de amizade requerem diferentes graus de comprometimento de tempo. Estranhamente, conforme disse nossa amiga Sara Mosle no ensaio "The Importance of Being Busy" (A importância de ser ocupado), publicado na *New York Times Magazine*, os amigos mais íntimos podem ser, também, as pessoas que você menos vê. Com amigos mais formais, escreveu ela, fazemos planos com semanas de antecedência e nos atemos a eles aconteça o que acontecer. "A regra não declarada é que só conseguimos cancelar com as pessoas de quem realmente gostamos", afirma ela. "Somente um amigo de verdade compreenderia."

Assim, cancele se for necessário, mas não deixe de remarcar.

DURANTE UMA SEMANA, ANOTE TODOS OS MINUTOS (OU HORAS) QUE PASSAR LIVRE. AGORA, COM MUITA CRIATIVIDADE, PLANEJE A SUA VIDA SOCIAL EM TORNO DESSE TEMPO DE DESCANSO.

Para mim, a hora do almoço é um dos melhores momentos para ver os amigos. Descobri que esses encontros são ainda mais proveitosos quando individuais. Ter uma terceira pessoa junto, seja ela um cônjuge ou um amigo, muda consideravelmente a dinâmica do encontro. Estar com uma única pessoa permite uma troca muito mais livre e proporciona uma ligação mais forte.

Embora eu tenha almoços regulares com alguns amigos próximos (como o já mencionado Jacques), se houver uma hora livre na agenda, consulto uma lista de pessoas que eu gostaria de ver com mais frequência, que mantenho guardada na gaveta da mesa (e à qual não paro de acrescentar nomes).

O "Almoço dos Bons Companheiros" era um evento anual criado por Stanley Marcus para reunir seus amigos preferidos. Participei deles por muitos anos. Era ótimo, não apenas porque permitia que Stanley colocasse os assuntos em dia com vários amigos ao mesmo tempo, mas também porque criava uma experiência compartilhada por todos nós, que acabava nos aproximando.

• • •

• DICA Nº 57 •

Seja anfitrião/anfitriã

Uma forma espetacular de uma pessoa ocupada colocar os assuntos em dia com os amigos é reuni-los: organizar uma reunião, uma festa ou um simples encontro. Seja uma feijoada, um churrasco ou uma descontraída "chopada", promover uma pequena reunião em casa pode ser uma maneira fácil, divertida e criativa de se cercar das pessoas que você mais ama e juntar seus amigos que não se conhecem.

Você pode estar pensando, *o meu apartamento é pequeno demais*, ou *eu detesto cozinhar*, ou *eu simplesmente não tenho tempo para organizar uma coisa dessas*. Se for esse o caso, chame todo mundo para se encontrar num bar, restaurante, ou qualquer lugar a que você possa ir quase sem planejar e onde se possa se misturar aos seus amigos de maneira informal. Não convide tanta gente a ponto de o local ficar desconfortavelmente cheio, e arranje tempo para conversar com todos que convidou.

CRIE SUA PRÓPRIA LISTA DE PESSOAS QUE GOSTARIA DE VER COM MAIS FREQUÊNCIA, DEPOIS ORGANIZE UM EVENTO E CONVIDE TODAS ELAS.

• DICA Nº 58 •

Socialize-se com criatividade

Caso você não seja muito afeito a festas, há muitas outras formas de ser sociável. Se, por exemplo, você gosta de espetáculos de música ou balé, por que não, de vez em quando, comprar uma ou duas entradas a mais e convidar um amigo?

Criar novas e diferentes experiências para compartilhar com amigos pode ser tão simples quanto irem a um novo restaurante juntos, tão substancial quanto fazerem uma viagem, ou tão aventureiro quanto experimentarem algo de inteiramente alternativo (aula de capoeira/mergulho ou um dia de escalada). Qualquer que seja a atividade na qual você deseja embarcar, dê a ela um caráter criativo: em vez de simplesmente encontrar os amigos, por exemplo, peça-lhes que levem alguns livros que não queiram mais para trocarem – e não se preocupem se sobrarem livros: vocês poderão doá-los a uma biblioteca pública ou instituição de caridade. Se vocês gostam de organizar álbuns de fotografias, combinem de passar uma tarde fazendo isso juntos. Além de trocarem ideias e talvez até materiais, as próprias fotografias serão uma excelente fonte de assuntos para a conversa.

Deixe espaço para a espontaneidade. Se você e uma amiga estiverem a caminho de um bar que, por acaso, se encontra no mesmo bairro onde outra amiga mora, liguem e façam-lhe um convite de última hora. É claro que esse tipo de convite, como qualquer outro, depende do grau de amizade e se a atividade sugerida é ou não algo que agradaria à amiga em questão. Sempre que possível, escolha eventos adequados às personalidades de seus amigos. Eles ficarão mais satisfeitos, assim como você.

Como outras regras que sugerimos, dar-se o trabalho de criar novas experiências requer reflexão, ação e disposição de mudar sua rotina. No entanto, essa mudança não só permitirá que você aprofunde a amizade que vem buscando, como também tornará sua vida mais interessante. Todo mundo precisa ouvir uma boa história de pescador de vez em quando.

Dê a um encontro comum um toque criativo e inesperado.

• Excursões gastronômicas •

Michelle Peck e eu nos conhecemos por intermédio de amigos de Los Angeles, mas, quando começamos a falar sobre comidas étnicas, compreendemos que havia uma ligação especial entre nós. Ambas tínhamos um real interesse em conhecer culturas estrangeiras a partir de suas cozinhas tradicionais e descobrimos que havíamos passado uma quantidade significativa de tempo pesquisando os melhores locais de Los Angeles para prová-las. Assim, demos início à tradição das Excursões Gastronômicas.

A cada mês, juntamos um grupo de interessados em experimentar pratos de uma cultura diferente da nossa. Com a ajuda de guias gastronômicos e do jornal local, avaliamos o melhor lugar para degustarmos uma comida nova. Então, escolhemos a data, nos comunicamos por e-mail e fazemos a excursão. É uma maravilhosa forma de enriquecermos nossa mente e nosso paladar e de criarmos laços com amigos por meio de uma aventura que talvez não teríamos feito sozinhos.

• • •

• DICA Nº 59 •

Transforme-se num "casamenteiro"

Os vínculos mais óbvios são os baseados em áreas de interesse mútuo. Se um amigo seu tem uma coleção de cerâmica indígena pela qual você é apaixonado, é um passo lógico apresentá-lo à sua amiga que está pesquisando a cultura dos índios. Mas lembre-se de que muitas combinações bem-sucedidas baseiam-se na ideia de que os opostos se atraem. Talvez seu colega de trabalho louco por atividades ao ar livre se sinta bem conversando com a poeta que nunca sai de casa. Tome as devidas providências para que os dois se conheçam e prepare-se para uma surpresa.

Se você for promover um encontro exclusivamente entre dois amigos que não se conhecem, talvez seja sensato planejar limites de duração. Um encontro rápido para um café ou almoço pode ser a abordagem apropriada. Dessa forma, se (esperemos que não seja o caso) eles se conhecerem e descobrirem uma antipatia instantânea, não terão de aguentar demais a companhia do outro.

Um evento em grupo, como um jantar, é outra maneira excelente de apresentar as pessoas umas às outras. Não tome o seu trabalho por encerrado logo depois de fazer os convites. Quando fizer as apresentações, certifique-se de oferecer às pessoas uma base para estabelecerem comunicação além da conversa superficial. Nessas situações, você é o responsável pelo ponto de partida para a conversa.

SAIA COM DOIS AMIGOS SEUS QUE TENHAM INTERESSES SIMILARES.

CAPÍTULO SETE

DOE-SE

Na doçura da amizade, que haja
riso e prazeres compartilhados.
– Kahlil Gibran

Amizade significa dar pelo simples prazer de fazer a felicidade dos seus amigos; não tem a ver com dar para receber. Bons amigos não distribuem suas afeições de acordo com o que estão recebendo, e nunca se preocupam em "marcar pontos". A verdadeira beleza da amizade é ser uma fonte infinita. Você pode dar de si mesmo sem cessar, que a nascente de uma amizade bem-sucedida jamais secará. Na verdade, quanto mais você der, mais receberá em troca.

• DICA Nº 60 •

Faça favores

Toma lá, dá cá. Uma mão lava a outra. E o que você faz por mim? Frases desse tipo jamais deveriam ser pronunciadas entre amigos. Diferentemente dos relacionamentos empresariais, as amizades requerem que você dê de forma desinteressada, sem a expectativa de ganhar nada em troca. Num mundo ideal, quando você faz uma coisa boa para um amigo – seja convidá-lo para um fim de semana na serra, levá-lo para almoçar ou oferecer um ombro no qual chorar –, isso faz você se sentir bem. Esse é o seu prêmio. Se você gosta de alguém e pode fazer um favor para essa pessoa, não hesite, faça. Afinal, "é para isso que servem os amigos", certo?

Às vezes é mais fácil falar do que fazer. Quem realmente se importa com as amizades acaba se empenhando ao máximo e, muitas vezes, fica difícil não esperar que o outro "faça por nós o que faríamos por ele". O que não podemos esquecer, no entanto, é que algumas pessoas fazem coisas "por nós" de maneiras muito diferentes das que "faríamos por elas". E todas as diferentes expressões de amizade são válidas. Não faz o menor sentido tentar medir se a retribuição adequada de um convite para jantar seriam dois convites para coquetéis ou uma carta com um telefonema. Não fique "marcando pontos". Você será uma pessoa mais feliz e um amigo melhor.

Há muitos motivos pelos quais a abordagem de outra pessoa a respeito da amizade pode ser diferente da sua. Lembre-se de que há tantos tipos de personalidades quanto há amigos e que cada um pode abordar o relacionamento da própria maneira:

- É provável que uma pessoa tímida não se sinta tão confortável em fazer planos ou manter-se em contato quanto você.
- Uma pessoa genuinamente introvertida pode achar um contato frequente com os outros exaustivo e desgastante.
- Algumas pessoas possuem limitações físicas e emocionais que restringem as suas oportunidades de intimidade.
- Há indivíduos que tiveram a sorte de ganhar amigos a vida toda; eles não estão acostumados a ter de dar o primeiro passo.

Quaisquer que sejam as questões enfrentadas pelo seu amigo em potencial, você pode expressar a sua amizade, atenção e gratidão ainda assim. É possível criar laços com cada pessoa e encontrar meios para que as suas necessidades também sejam atendidas. Lembre-se de que, por um motivo ou outro, há muita gente por aí com quem você não sai e cuja casa não frequenta e – quer saber? – nem por isso deixa de ser seu amigo ou amiga.

FAÇA UM FAVOR A UM AMIGO.

• O bom doutor •

Eu tinha um amigo médico que era muito interessante e divertido, mas um pouco peculiar. Embora ele gostasse de frequentar festas e jantares nas casas de seus muitos amigos, simplesmente não gostava de receber na sua própria casa. Ainda assim, era convidado com muita frequência.

Com o tempo, todos nos demos conta de que ele nunca retribuiria os nossos convites, mas gostávamos tanto de sua companhia que aceitávamos isso. Não contávamos pontos.

Há alguns anos, o médico herdou um imenso terreno em Chicago, que ele vendeu imediatamente por muitos milhões. Isso ocorreu mais ou menos à mesma época em que se aposentou. De repente, tinha muito mais dinheiro e tempo do que jamais tivera.

Um dia, alugou um Concorde da British Airways, convidou 49 casais que haviam sido seus amigos e anfitriões ao longo dos anos e levou-os, todos, para Londres durante uma semana, com todas as despesas pagas. (Infelizmente eu não pude ir.) Se estivéssemos marcando nossos pontinhos, teríamos descoberto que todos os momentos em que fomos seus anfitriões foram generosamente retribuídos com esse único evento. O médico ofertou sua hospitalidade da sua maneira única – e no seu tempo!

• • •

• DICA Nº 61 •

Não "marque pontos"

Bem ou mal, todos nós um dia já fomos "marcadores de pontos". O importante é conseguir reconhecer quando e por que fazemos isso. É o primeiro passo para parar. Se você se encaixa na categoria de alguém que gosta de receber, é sociável e costuma fazer planos, corre o enorme risco de não seguir a regra de "não marcar pontos". Talvez você eventualmente se pergunte quando alguém irá retribuir o seu convite ou por que determinada pessoa não o convida a visitá-la com mais frequência. Pode ser também que você "marque os próprios pontos" de vez em quando, angustiando-se sobre a forma mais apropriada de retribuir os atos de amizade de outra pessoa.

Talvez você tenha uma tendência a dar mais valor a cada interação do que outras pessoas. Mas isso não é motivo para avaliar, julgar ou se queixar das ações alheias. Fazer isso é comum, mas trata-se de uma armadilha inaceitável que só leva à decepção.

Algumas pessoas "marcam ponto" porque sentem culpa e partem do princípio de que os outros estão julgando suas atitudes; outras sentem que algo lhes é "devido" em todos os aspectos da vida e, assim, ficam fazendo contas de quem está em falta com elas. Pessoas assim fazem um esforço extra, por exemplo, para apresentá-lo a alguém, mas, em troca, esperam que você seja eternamente grato. Elas precisam de crédito, não conseguem se contentar simplesmente com o ato de generosidade.

Como você pode evitar ser uma pessoa que "marca pontos"? Em primeiro lugar, não permita que a ideia de retribuição sequer chegue a entrar em jogo, quer você esteja do lado que faz ou que recebe um ato de amizade. Esqueça a lista de "quem está me devendo".

Depois, é preciso reconhecer e apreciar as maneiras que as pessoas têm de se aproximar de você; isso o ajudará a fazer o mesmo. Parta do princípio de que os outros também não estão "marcando pontos". Quando você faz alguma coisa para ganhar crédito ou para receber algo em troca, está fazendo pelo motivo errado. Pare de medir seus relacionamentos; relaxe, seja gentil, e o mundo lhe parecerá mais generoso.

REALIZE UM ATO DE GENTILEZA AO ACASO PARA UM AMIGO, CONHECIDO OU ESTRANHO.

• DICA Nº 62 •

Arrisque-se

Tipos fortes e caladões, prestem atenção! Você também, mocinha recatada! Se vocês já se pegaram controlando os verdadeiros sentimentos, deixando de se expressar quando algo os encanta ou incomoda, ou se partem do princípio de que o outro sabe como vocês se sentem a respeito dele, continuem lendo este texto. (Os demais podem aproveitar para refrescar a memória!) Qualquer que seja o motivo para a sua reticência – seja uma criação muito severa ou uma rejeição –, eis aqui a chance de deixar para trás tanta inibição. Se essa perspectiva o deixa nervoso, lembre-se de que um dos melhores presentes da amizade é poder expressar os seus verdadeiros sentimentos, aconteça o que acontecer.

Numa amizade, as "regras" de expressão não são tão claras como no mundo dos negócios. Gerentes seguem normas para elogiar funcionários: sabem que elogios produzem um ambiente de trabalho estimulante, mas têm cuidado para não exagerar. Repreender é algo ainda mais regulado, quase sempre uma tarefa oficial realizada de acordo com os manuais, intitulada "advertência".

Até mesmo num namoro há formas eternizadas de dizer a alguém como você se sente, seja para fazer o relacionamento avançar ou para dar um fim a ele. Dizer "eu te amo" pela primeira vez significa dar um passo enorme, universalmente compreendido como uma maneira de expressar que você pretende continuar com aquela pessoa.

"Eu te amo" numa amizade carrega o mesmo peso, mas é raramente comunicado junto com uma caixa de bombons em forma de coração ou um buquê de rosas vermelhas. Amigos precisam arranjar outra forma de passar essa mensagem. É provável que sejam mais informais e que, algumas vezes, nem mesmo usem palavras. No entanto, muita gente resiste em demonstrar amor pelos amigos porque não há um conjunto de regras determinadas sobre como fazê-lo. Essa é, na verdade, a beleza dos gestos que expressam amizade: não há regras ou impedimentos. Na verdade, não é preciso existir nenhum motivo especial para eles e, melhor ainda, são invariavelmente bem-vindos e quase nunca desprezados (mais uma vitória da amizade sobre o namoro). Além disso, não há frases simbólicas ou respostas-padrão. Nenhum amigo espera que você diga que realmente gosta de passar seu tempo com ele ou que gosta, especialmente, de ouvir a opinião dele sobre um determinado assunto; assim, quando você expressa esses sentimentos de alguma maneira, é muito significativo.

Se você é tímido ou não tem muito costume de dizer o que pensa, seus amigos apreciarão ainda mais se você demonstrar seus sentimentos – porque será inesperado. Arrisque-se sempre que possível para deixar que as pessoas saibam o quão profundamente você as aprecia. Garantimos que seu esforço será mais do que retribuído.

DIGA A UM AMIGO QUANTO A AMIZADE DELE SIGNIFICA PARA VOCÊ.

CAPÍTULO OITO

FLUXO E REFLUXO DA AMIZADE

Olho por olho deixa o mundo inteiro cego.

– Mahatma Ghandi

Como tudo no mundo, as amizades mudam e evoluem com o tempo. No decorrer de uma vida, uma amizade pode começar superficial, tornar-se íntima, cair na rotina durante um tempo e, depois, ser renovada. Uma amizade pode tomar diversos caminhos, dependendo das naturezas e circunstâncias das pessoas envolvidas.

Da mesma forma, a quantidade e a qualidade de suas amizades poderão mudar. Em alguns momentos, você poderá estar cercado de amigos, em outros é possível que não. Nos momentos de solidão, lembre-se de que esses períodos de altos e baixos fazem parte da vida; contanto que você seja verdadeiro nas suas relações, terá os amigos dos quais precisa.

• DICA Nº 63 •

Aceite o fluxo e refluxo

Rios são fascinantes. Estão eternamente se transformando, se deslocando e evoluindo: fracos e lentos como seiva, na época de seca; mas inchados e transbordantes na época das chuvas. O fluxo e refluxo das amizades é tão fluido quanto as águas dos rios – e isso é algo muito positivo. Se a vida fosse estática e as nossas amizades jamais mudassem, não haveria crescimento.

Alguns amigos deixam a sua vida quase tão rapidamente quanto entraram nela, como o vizinho que morava do outro lado da rua quando você tinha 5 anos ou o sujeito com o qual você compartilhava uma sala apertada no seu primeiro emprego. Outros, um dia muito próximos e de grande significado para você, podem desaparecer, lentamente, devido a um sem-número de razões – e, felizmente, depois de ficarem ausentes por um longo período, podem reaparecer quando você menos esperar. Uma mesma amizade pode passar por qualquer um desses estágios, talvez até mais de uma vez.

É exatamente esse tipo de fluidez que torna a amizade tão única e bela. Quando você aceita e valoriza seu fluxo, pode deixá-la tomar o seu rumo, naturalmente. Assim como um rio, uma amizade verdadeira não precisa conhecer o caminho para chegar a seu destino; ela simplesmente cria o próprio trajeto.

LIVRE-SE DE QUALQUER RESSENTIMENTO EM RELAÇÃO A UMA AMIZADE EM DECLÍNIO.

• DICA Nº 64 •

Enfrente as instabilidades

Algumas vezes a dança da amizade pode se transformar numa coreografia em piso escorregadio, com os parceiros seguindo em direções erradas ou, pior, com um liderando o tempo todo e o outro inconsciente dessa desarmonia. Sabemos que você não está "marcando pontos", mas, se tem a sensação de que está dando muito mais do que o seu amigo ou que ele está fazendo algo que o entristece ou incomoda, precisa não apenas avaliar seriamente o relacionamento, como também enfrentar o problema.

Encarar uma situação desconfortável não quer dizer, necessariamente, que vocês dois vão chegar às vias de fato ou que a amizade terminará numa discussão repleta de comentários maldosos, lágrimas e cenas dramáticas – pelo menos esperamos que não. Se você puder dizer ao seu amigo, com muito tato, como se sente sobre qualquer que seja o assunto, é possível que tenham uma conversa razoável. Se, por exemplo, você se vir agindo ou falando demais numa amizade, fazendo todos os convites e sempre tomando a iniciativa, enquanto seu amigo faz pouca ou nenhuma tentativa de retribuir seus gestos ou procura, até mesmo, evitá-lo, você pode dizer: "Sabe, das últimas vezes que nos vimos, fui eu quem telefonou para combinar. Sei que você anda muito ocupado, então, me ligue da próxima vez, quando for conveniente para você." Essa não é uma forma agressiva de passar a bola para o seu amigo e, ao mesmo tempo, expressa o que precisa ser dito. Se você estiver preparado para ser mais direto, pode dizer que tem sentido uma relutância dele em participar mais da amizade e que você está aberto a conversar sobre o que quer que possa estar motivando isso. Quaisquer que sejam as palavras que você decida usar, comunicar que a situação o está incomodando é essencial; de outra forma você ficará ressentido e o relacionamento logo se tornará nocivo.

É claro que você pode decidir que a unilateralidade é insatisfatória demais em certa amizade para que valha a pena insistir nela, mas completamente aceitável em uma outra. Contanto que se queira manter a amizade, é sempre possível encontrar formas de fortalecê-la.

SEJA SINCERO COM UM AMIGO E FALE COM ELE SOBRE ALGO QUE O VEM INCOMODANDO.

• DICA Nº 65 •

Seja amigo em primeiro lugar e sócio em segundo

Algumas amizades naturalmente se transformam em sociedades empresariais. Se você valoriza a sua amizade, precisa se lembrar de ser, em primeiro lugar, amigo e, só depois, sócio. Dito isso, em negócios com amigos, entre pra valer.

Algumas pessoas usam uma abordagem amistosa para mascarar o interesse em fazer negócios. Essas pessoas invertem a equação: querem você primeiro como sócio e, depois, como amigo. Nada de positivo pode sair de uma proposta de negócios que usa a amizade como moeda. Se, no entanto, vocês são amigos em primeiro lugar, podem ter um diálogo sincero sobre os riscos possíveis e as armadilhas em potencial (financeiras e outras) de fazerem negócios juntos.

Se você estiver pensando em fazer negócios com um amigo, precisa sempre se perguntar: "Qual é a pior coisa que pode acontecer?" Se o risco for grande demais, encontre outra pessoa para a parceria e mantenha a sua amizade viva.

Crie uma "cláusula de amizade" para qualquer contrato que assinar com um amigo, detalhando como vocês irão proteger sua amizade se os negócios não derem certo.

• O que está em jogo: quem você é ou quem você conhece? •

Na época em que trabalhei como assistente de Steven Spielberg, algumas pessoas inevitavelmente tentavam que eu as ajudasse a ter acesso a ele. No início, eu tinha dificuldade e me sentia desconfortável em tentar distinguir as pessoas que genuinamente desejavam ser minhas amigas daquelas que só queriam me conhecer porque eu trabalhava para alguém importante.

Muito embora eu não as culpasse por se sentirem curiosas quanto ao meu emprego (e meu chefe), tive de aprender a não ser ingênua com relação a esses amigos pouco sinceros. Passei a ser muito restritiva em relação a novos amigos em potencial e, ainda assim, muitas vezes me desapontei com pessoas que pensei estarem interessadas em mim quando, no final, estavam interessadas mesmo em saber como eu podia ajudá-las. No processo, aprendi valiosas lições sobre como escolher amizades, como reconhecer quem queria me usar e quando me abrir para as pessoas.

Muita gente inicia relacionamentos com segundas intenções que, muitas vezes, nem elas próprias reconhecem. Seja honesto com você mesmo e com os outros sobre o que você deseja de uma amizade. Se lhe parecer que é mais um arranjo de negócios do que uma troca de afinidades e bons momentos, talvez seja melhor limitá-la ao escritório.

• • •

• DICA Nº 66 •

Cuidado com o lobo em pele de cordeiro

A popular fábula de Esopo sobre o lobo vestido em pele de cordeiro traz uma importante lição: as aparências podem enganar. Até mesmo o presentinho mais atencioso pode esconder segundas intenções. Mas, se você for sincero e direto em seus relacionamentos, será capaz de manter longe todos os "lobos" – aquelas pessoas que usam e abusam dos amigos.

É claro que é natural amigos se ajudarem às vezes nos negócios. Se, por exemplo, um de seus amigos for um escultor talentoso e outro for dono de uma galeria de arte, faz sentido que você apresente um ao outro. Mas é completamente diferente procurar fazer amizade com uma pessoa pelo motivo único de avançar os seus propósitos, sejam eles profissionais ou pessoais. Não apenas a amizade será dissimulada e baseada numa falsa confiança, como você estará comprometendo a sua integridade.

Seja direto e sincero em todas as suas trocas e tenha cuidado com indivíduos que lhe parecerem pouco confiáveis. É bem possível que você, se prestar bem atenção, note dentes afiados escondidos por baixo de faces aparentemente suaves e simpáticas.

GUIE COM CARINHO O SEU REBANHO DE AMIGOS.

Eu não tinha notícias de B., um velho amigo do ensino médio, havia muito tempo, e fiquei encantado em receber uma longa carta me colocando a par dos acontecimentos de sua vida desde a última vez que havíamos tido contato. Ele me disse quanto valorizava a nossa amizade e lamentava ter passado tanto tempo sem saber de mim. Fiquei muito lisonjeado na hora, porém mais do que perplexo quando recebi uma magnífica cesta de frutas algumas semanas depois, com um cartão dizendo: "Para o meu velho amigo Roger – com belas recordações de nossa vida no Hill" (a escola que havíamos frequentado 50 anos antes). Em sua carta, B. mencionara que havia se aposentado e que esperava encontrar trabalho no futuro.

Escrevi agradecendo-lhe pelas frutas e, mais ou menos uma semana depois, recebi um telefonema do velho B. que "só queria dizer olá". Não tive de esperar muito tempo para que B., finalmente chegasse ao ponto: "Tenho pensado a respeito e acredito ser qualificado para a diretoria do National Endowment for the Arts. Como seu amigo Clay Johnson está na Casa Branca, eu gostaria que você (nada de 'será que você poderia' ou 'você se importaria?') pedisse a ele que falasse com o presidente Bush a meu respeito."

As frutas deveriam ter sido a primeira dica de que meu "amigo" tinha outro objetivo além de simplesmente renovar nossa amizade.

• • •

• Trabalhando as amizades •

Quando comecei a trabalhar com produção de musicais da Broadway, tive de enfrentar a questão de abordar ou não os meus amigos como investidores. Finalmente decidi que o melhor a fazer era ser escrupulosamente sincero com eles.

Quando descrevia o negócio e lhes contava sobre a oportunidade de investimento, eu sempre explicava o risco em potencial de talvez não verem um centavo de retorno. Para mim, o pior que podia acontecer era perder um amigo. Eu dizia a cada um deles: "Prefiro não receber um centavo seu do que perder sua amizade." A maioria deles investiu mesmo assim e, felizmente, todos continuam meus amigos.

• • •

• DICA Nº 67 •

Aprenda a desistir

Com o fluxo, vem o refluxo. Todos já tivemos uma amizade que se dissolveu gradualmente, que fez parte da sua vida por um bom tempo mas que, por uma razão qualquer, não faz mais. Com menos frequência, tais amizades terminam devido a um motivo em especial, como uma divergência insuperável. Qualquer que seja o caso, você avalia a amizade – consciente ou subconscientemente – e faz o possível para não se deixar abater.

Aceitar o fim de uma amizade significa ser realista com relação aos altos e baixos da vida. *Mas e a lealdade?*, você poderia perguntar. *E aquela história de permanecer ao lado dos amigos, faça chuva ou faça sol?* Preste bastante atenção: a lealdade é um traço importante e essencial em um bom amigo; no entanto, uma promessa solene de que um amigo hoje será um amigo para sempre é algo mais restritivo do que útil. Pessoas e situações mudam, inevitavelmente, de forma que as amizades, também.

Um amigo pode se transformar em alguém com valores diferentes dos seus, fazendo ou não coisas que o afetem diretamente. Você tem o direito de mudar a sua opinião sobre ele.

A sua mãe talvez lhe perguntasse: "Se o seu amigo se jogasse de uma ribanceira, você se jogaria também?" Um defensor da lealdade até as últimas consequências provavelmente responderia "sim". Uma pessoa mais saudável optaria pelo "não". Até mesmo os amigos mais unidos podem se dar conta, em algum momento, de que crenças que um dia foram compatíveis não estão mais em sintonia. Algumas vezes essa disparidade é mais forte do que qualquer elo formado antes, e o enfraquecimento da amizade é inevitável. Na realidade, é normal e saudável – tão sensato quanto doar uma peça de roupa que não cabe mais.

O fluxo e refluxo da amizade raramente são tão evidentes quanto no momento em que uma pessoa do passado entra outra vez na nossa vida. Podemos buscar esses velhos amigos quando passamos por sua cidade ou temos um motivo em especial para retomar o contato; uma simples curiosidade também pode incentivar essa busca. É muito interessante descobrir quanto alguém mudou ou, com muito mais frequência, ficou exatamente igual. É incrível como às vezes nos vemos em amizades com pessoas de quem ficamos afastadas por anos.

A situação oposta pode ser muito pouco recompensadora – e mesmo decepcionante –, se você não tiver o cuidado de proteger seus sentimentos. Reencontrar um amigo que não vemos há muito tempo e descobrir que ele não é mais o sujeito justo e de mente aberta que era na faculdade não faz bem a ninguém. Independentemente do resultado, rever velhos amigos serve para o nosso crescimento pessoal e pode ser uma das melhores experiências da vida.

Embora aprender a valorizar o fluxo e refluxo seja algo mais filosófico do que uma regra sólida, é chave para o que de melhor a amizade tem a oferecer. Sem a aceitação de que as amizades, assim como a vida, dão reviravoltas nem sempre agradáveis, corremos o risco de cair num ciclo interminável de mágoa e ressentimento. Amizades vêm e vão, e isso é completamente aceitável.

Se você tratar seu amigo com respeito e cortesia, vocês sempre terão chances de retomar a amizade no futuro sem ressentimentos. Como, um dia, vocês tiveram bastante em comum para começarem uma amizade, pode chegar o momento em que voltem a se achar interessantes. Se tiverem cuidado um com o outro, retomar o relacionamento será fácil.

Aceite que aquela amizade já vem mesmo se enfraquecendo.

• DICA Nº 68 •

Deixe para trás

Cuidar de uma amizade é como cultivar uma planta. No entanto, algumas amizades não criam raízes, por mais atenção que lhes dispensemos. Às vezes, as circunstâncias, o timing ou a química simplesmente não permitem que se construa um vínculo significativo e duradoro.

Em vez de assistir a um relacionamento como esse definhar, é melhor cortá-lo de uma vez pela raiz. Não faça promessas vazias de telefonar ou de se verem. Mesmo um relacionamento em declínio merece sinceridade e franqueza.

E como saber que uma amizade não está destinada a prosperar? Em geral, você simplesmente se sente desconfortável ou insatisfeito, mas há alguns sinais a serem observados. Se, por exemplo, os planos com uma determinada pessoa acabarem cancelados com a mesma frequência com a qual são feitos, você pode concluir com alguma margem de segurança que nenhuma das partes tem real interesse em estar com a outra. Se constatar que vocês falam sempre as mesmíssimas coisas a cada vez que se veem, talvez não tenham muito o que dizer um ao outro.

Caso você se dê conta de que um relacionamento com alguém é mais parecido com uma planta doente do que com um botão em flor, deixe-o para trás. Vocês dois serão mais felizes.

Com toda a educação, dê fim a uma amizade que você sabe não estar indo a lugar algum.

• DICA Nº 69 •

Siga o fluxo

Você, alguma vez, já observou um cisne se locomover por um lago de águas calmas? Ele parece deslizar sobre a água, criando pequenas ondulações na superfície. Se você olhasse por baixo da água, no entanto, veria que as patas se agitam freneticamente. Há muito trabalho envolvido em impulsionar essas elegantes criaturas para a frente – muito mais do que você jamais acreditaria ser possível.

Uma amizade bem-sucedida também é assim: pode parecer fácil, não exigir esforço algum, mas as duas partes sabem quanto trabalho é necessário para mantê-la à tona. Se você for capaz de seguir o fluxo de uma amizade – nutrindo-a quando estiver frágil e superando, pacientemente, as barreiras que surgirem –, descobrirá o enorme prazer que esse trabalho proporciona. Trabalhar em algo que realmente importa para você nunca é pesado ou cansativo, afinal, e as amizades são uma das maiores obras-primas da vida!

Com toda essa conversa de fluxo e refluxo, tomemos um minuto para agradecer pelo fato de podermos curtir esse trabalho e para celebrar e homenagear todos os amigos que fazem a vida valer a pena.

SINTA-SE GRATO POR TER AMIGOS.

• DICA Nº 70 •

Deixe o sol brilhar

É impossível enxergar raios de sol quando as janelas estão fechadas. Se você não estiver aberto para a vida, perderá muitas oportunidades de conhecer e fazer novos amigos e de abraçar o mundo à sua volta. Permitir que o sol brilhe requer que você abra suas portas para as pessoas ao redor, acolhendo oportunidades de criar laços significativos com elas.

Mantenha as suas portas abertas e jamais faltarão amigos ou alegria na sua vida.

Saia e encontre as novas amizades e aventuras que aguardam você.

CONCLUSÃO

AS LIÇÕES E AS RECOMPENSAS DE TER AMIGOS

Enquanto você lia este livro e pensava, cuidadosamente, nas "coisas a fazer", esperamos que tenha adquirido vários novos conhecidos, alguns dos quais já estejam a caminho de se tornarem bons amigos seus.

Há poucas experiências na vida que se comparam às alegrias da amizade verdadeira. Embora ela exija alguns esforços, as recompensas são imensuráveis. Este livro é apenas um ponto de partida. À medida que você for fazendo novas amizades e fortalecendo as antigas, encontrará suas próprias técnicas.

Que você crie muitos laços significativos pela vida afora!

Conheça os 30 Clássicos da Editora Sextante

1.000 lugares para conhecer antes de morrer, de Patricia Schultz

1001 discos para ouvir antes de morrer, de Robert Dimery

1001 filmes para ver antes de morrer, de Steven Jay Schneider

A cabana, de William P. Young

A última grande lição e *As cinco pessoas que você encontra no céu*, de Mitch Albom

A vida é bela, de Dominique Glocheux

Conversando com os espíritos, de James Van Praagh

Enquanto o amor não vem, de Iyanla Vanzant

Faça o que tem de ser feito, de Bob Nelson

Jesus, o maior psicólogo que já existiu, de Mark W. Baker

Mantenha o seu cérebro vivo, de Laurence Katz e Manning Rubin

Muitas vidas, muitos mestres, de Brian Weiss

Não leve a vida tão a sério, de Hugh Prather

O Código Da Vinci e *Anjos e Demônios*, de Dan Brown

O monge e o executivo e *Como se tornar um líder servidor*, de James C. Hunter

O ócio criativo, de Domenico De Masi

O poder da paciência, de M. J. Ryan

O Poder do Agora, de Eckhart Tolle

O que toda mulher inteligente deve saber, de Steven Carter e Julia Sokol

Os segredos da mente milionária, de Harv T. Ecker

Palavras de sabedoria, de Sua Santidade, o Dalai-Lama

Por que os homens fazem sexo e as mulheres fazem amor?, de Allan e Barbara Pease

Transformando suor em ouro, de Bernardinho

Você é insubstituível, *Dez leis para ser feliz*, *Nunca desista de seus sonhos* e *Pais brilhantes, professores fascinantes*, de Augusto Cury

INFORMAÇÕES SOBRE OS PRÓXIMOS LANÇAMENTOS

Para receber informações sobre os lançamentos da EDITORA SEXTANTE, basta enviar um e-mail para
atendimento@esextante.com.br
ou cadastrar-se diretamente no site
www.sextante.com.br

Para saber mais sobre nossos títulos e autores, e enviar seus comentários sobre este livro, visite o nosso site:
www.sextante.com.br

EDITORA SEXTANTE
Rua Voluntários da Pátria, 45 / 1.404 – Botafogo
Rio de Janeiro – RJ – 22270-000 – Brasil
Telefone: (21) 2286-9944 – Fax: (21) 2286-9244
E-mail: atendimento@esextante.com.br